AF402285

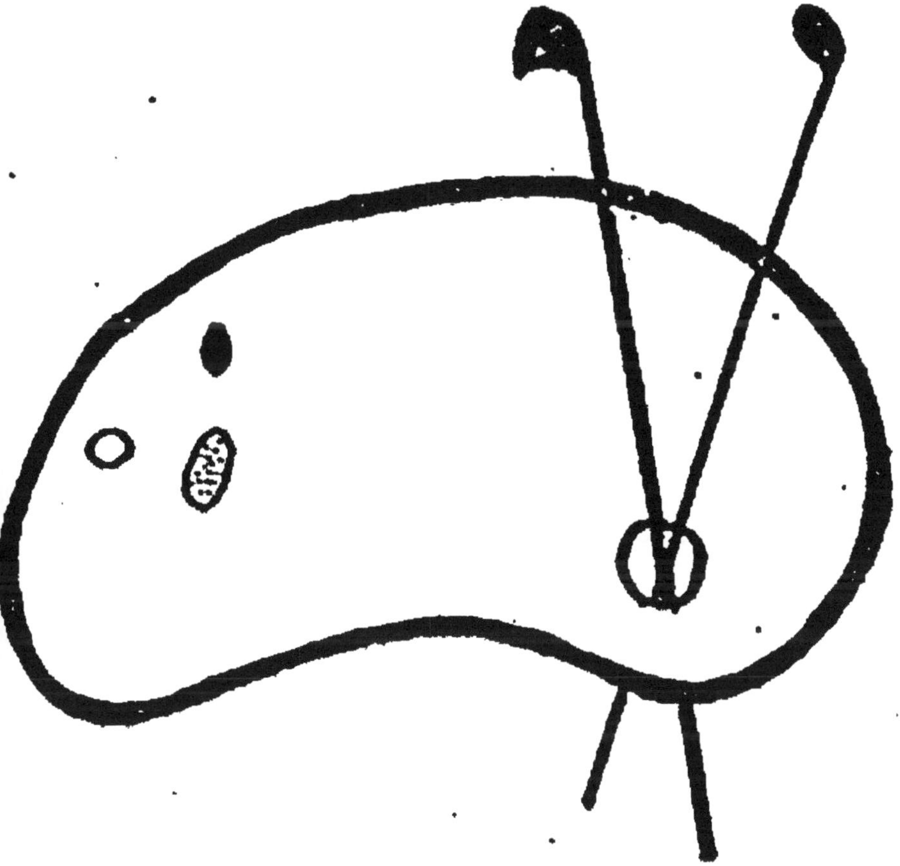

DEBUT D'UNE SERIE DE DOCUMENTS
EN COULEUR

FACULTÉ DE DROIT DE PARIS

LE
RISQUE LOCATIF
ET SON ASSURANCE

THÈSE POUR LE DOCTORAT

L'ACTE PUBLIC SUR LES MATIÈRES CI-DESSUS

sera soutenu le Vendredi 25 Octobre 1907, à 1 h. 1/2

PAR

M. Jacques JUHEL-RÉNOY

DOCTEUR EN DROIT

AVOCAT A LA COUR D'APPEL DE PARIS

Président : M. THALLER.
Professeurs { MM. PIEDELIÈVRE.
DESCHAMPS.

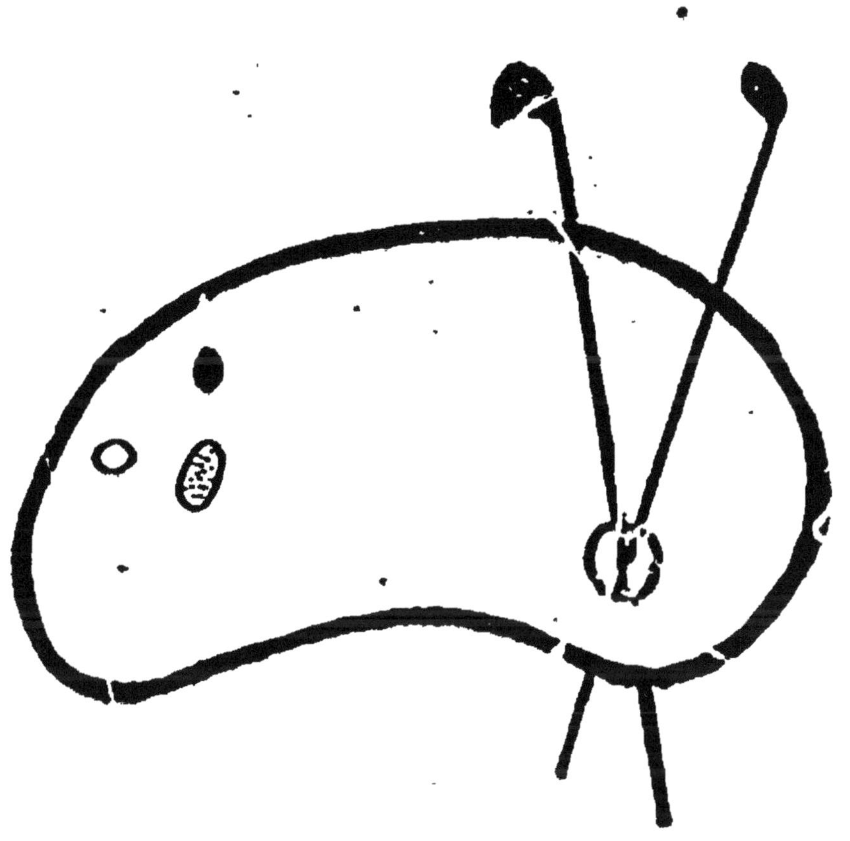

FIN D'UNE SERIE DE DOCUMENTS EN COULEUR

LE
RISQUE LOCATIF
ET SON ASSURANCE

THÈSE POUR LE DOCTORAT

L'ACTE PUBLIC SUR LES MATIÈRES CI-DESSUS

sera soutenu le Vendredi 25 Octobre 1907, à 1 h. 1/2

PAR

M. Jacques JUHEL-RÉNOY

DOCTEUR EN DROIT

AVOCAT A LA COUR D'APPEL DE PARIS

Président : M. THALLER.
Professeurs { MM. PIEDELIEVRE.
DESCHAMPS.

LE RISQUE LOCATIF & SON ASSURANCE

INTRODUCTION

Le Risque locatif et l'Assurance ont donné lieu pendant des siècles à de nombreuses controverses. Les jurisconsultes ont pendant longtemps émis sur ces deux questions les théories les plus contradictoires ; les décisions judiciaires qui nous sont parvenues sur ces sujets ne sont pas moins diverses. On ne trouve nulle part une théorie juridique soit du Risque locatif, soit du contrat d'Assurance. Ce n'est que de nos jours, qu'après bien des tâtonnements, après bien des solutions différentes, dictées uniquement par des raisons pratiques, que l'on est arrivé à retrouver le fondement juridique de ces deux questions, et que l'on s'est efforcé d'en tirer toutes les conséquences utiles.

L'Assurance est devenue si courante de nos jours, ses avantages nous apparaissent si considérables, que l'on pourrait s'étonner que des siècles aient pu se passer sans que personne ait songé à une institution aussi simple, qui moyennant un léger sacrifice annuel, supprime les risques de pertes considérables et de toute nature auxquels nous exposent notre organisation sociale ou les diverses entreprises commerciales ou industrielles.

Le Droit romain, en effet, semble avoir complètement ignoré les Assurances. Nulle part on ne trouve trace non seulement de sociétés d'Assurances, mais même de contrats d'Assurances entre particuliers. On a, il est vrai, essayé de rattacher l'origine des Assurances au « *Nauticum fœnus* », bien connu et d'un usage constant chez les Romains. Mais il faut avouer qu'il y a bien peu de ressemblance entre les deux contrats. Dans le *nauticum fœnus*, un prêteur met à la disposition d'un armateur, une certaine somme, stipulant de gros intérêts au cas de voyage heureux et en consentant à ne rien réclamer en cas de naufrage. Le contrat d'Assurance au contraire, tel qu'on a dégagé sa nature juridique de nos jours, est un « contrat en vertu duquel une personne se fait couvrir par une autre, et en lui servant une cotisation ou prime, un risque qui menace sa personne ou ses biens. Si le risque se réalise, l'assureur devra payer une indemnité ou la somme assurée. »

On peut, peut-être, considérer la majoration des intérêts comme une sorte de prime payée par l'armateur, mais là s'arrête l'assimilation possible entre ces deux contrats. Le *nauticum fœnus* tient beaucoup plus du jeu ou tout au moins d'un contrat aléatoire plus ou moins onéreux pour l'un ou pour l'autre des contractants suivant le résultat de l'entreprise. Le prêteur stipulait de gros intérêts qui représentaient le « *pretium periculi* », l'aléa de toute entreprise maritime à cette époque, et l'emprunteur, grâce à ces avantages, trouvait des capitaux qu'il n'aurait peut-être pas trouvés sans cela. Il semble que ce soit là, plutôt qu'une Assurance, une sorte de Société en commandite où l'un apporte son industrie et l'autre ses capitaux, et où chacun courrait le risque de perdre son apport ou de toucher une part de bénéfices.

En effet, pas plus en droit Romain que dans le « prêt à la grosse » du moyen âge, l'idée de risque n'a pu être séparée de l'idée d'entreprise. Même si l'on admet que la différence entre l'intérêt total payé par l'emprunteur et l'intérêt légal constituait une sorte de prime d'assurance, on est cependant forcé de reconnaître, qu'à cette époque du moins, on n'est jamais arrivé à considérer le risque en lui-même, à l'estimer en dehors de toute entreprise pour en faire l'objet d'un contrat spécial : le contrat d'assurance.

Le moyen âge ne semble pas avoir connu davantage les assurances, terrestres tout au moins. On trouve bien des textes sur les assurances maritimes dès le xiiie siècle, mais ce n'est qu'au xviie siècle que l'on commence à s'occuper des Assurances terrestres. Elles ne prirent cependant pas une bien grande extension. Il faut reconnaître que l'état social d'alors n'était guère favorable à leur développement. L'arbitraire régnait en maître, les fortunes étaient particulièrement instables en raison des guerres, des conquêtes et des confiscations de toutes sortes. De plus, les communications n'existaient pour ainsi dire pas, même de ville en ville. Comment dès lors les Assurances auraient-elles pu se développer, puisqu'une des premières conditions de leur bon fonctionnement est de couvrir en même temps un très grand nombre de risques sans que ceux-ci se réalisent trop souvent. L'argent circulait peu, on préférait le cacher plutôt que de s'exposer à le perdre en voulant le rendre productif. D'ailleurs, la prohibition du prêt à intérêt empêchait l'essor des grandes entreprises commerciales ou industrielles. Chacun vivait pour soi ; les Sociétés de personnes ou de capitaux étaient très rares. Comment donc l'idée de Mutualité auraitelle pu se faire jour, comment aurait-on pu songer à établir des statistiques ?

La première tentative d'Assurance semble avoir été faite par la « *Friendly Society fire Office* » fondée à Londres en 1684, à la fois à primes fixes et mutuelle. Les membres faisaient un dépôt de fonds en entrant dans la Société ; ils versaient ensuite une cotisation annuelle, susceptible d'être augmentée par un supplément, ou diminuée, suivant le nombre de sinistres, par la distribution de dividendes. Cette entreprise ne fut pas heureuse et périclita rapidement. En France, une Compagnie d'Assurances maritimes, tenta, sans plus de succès, en 1784 de faire des Assurances terrestres. En 1786, un arrêté du Conseil autorise avec privilège, la formation de deux compagnies d'Assurances contre l'incendie, mais deux décrets du 25 Germinal et 17 Vendémiaire an II, les suppriment ainsi que toutes les Sociétés financières.

Cette suppression explique peut-être le silence du Code au sujet du contrat d'Assurance. On n'entend plus parler d'assurances qu'en 1816, époque à laquelle se fonde une Association mutuelle contre l'incendie dont ne pouvaient faire partie que les propriétaires de maisons à Paris. C'était là une tentative trop timide pour être appelée à beaucoup de succès, mais en 1819, se fonde la compagnie d'Assurances générales au capital de 2 millions — 2.000 actions de 1.000 francs.— Il suffit pour se rendre compte de l'extension extraordinaire prise par les Assurances, de constater qu'un demi siècle plus tard, en 1878, le capital de cette même Société était de 70 millions, que l'action valait 35.000 francs et donnait pour l'exercice de l'année 1876, 1649 fr. 40 de dividende. Durant cette période, les compagnies d'Assurances n'ont cessé de se multiplier : En 1844, il y avait 25 milliards et demi de capitaux assurés, en 1852 : 35 milliards et demi, en 1855 : 47 milliards.

Cette prodigieuse extension vient précisément de la disparition de tout ce qui avait empêché pendant des siècles l'éclosion des sociétés d'Assurances. La propriété est sauvergardée par des lois uniformes et uniformément appliquées ; rareté des guerres européennes du moins ; multiplication considérable des communications. Les Sociétés de capitaux deviennent de plus en plus nombreuses et les risques de tous genres plus nombreux. Les sociétés d'Assurances disposant de capitaux considérables, inspirent une confiance absolue à leurs clients qui deviennent de plus en plus nombreux. De leur côté les compagnies d'Assurances assurant un grand nombre de risques, se basent sur le calcul de probabilités, sur des statistiques aussi rigoureuses que possible. L'idée de risque se dégage de toute idée d'entreprise, elle devient l'objet même du contrat ; on l'estime, il a un prix proportionné à son « rapport arithmétique, c'est-à-dire à la mesure dans laquelle il a la chance de se réaliser. » Autrement dit on divise entre tous, les risques qui également menaçants pour tous, ne se réalisent que pour quelques-uns. On substitue, selon l'expression de M. Chaufton, « le rapport d'étendue au rapport d'intérêt. » Il a suffi de dégager l'idée de mutualité et de l'organiser sur une base scientifique pour réaliser cet énorme progrès. Les Sociétés sont, soit à primes fixes, soit mutuelles, mais comme le fait remarquer M. Thaller « dans le fond de leur mécanisme, l'une et l'autre de ces deux catégories obéissent à une notion de mutualité, et la Société à prime fixe n'est elle-même qu'une Société mutuelle déguisée, dans laquelle une Société de capitaux s'interpose entre les assurés et gère à forfait leurs intérêts communs. »

Le Code hongrois et le Code italien s'occupent longuement du contrat d'Assurances, la Belgique a des lois qui le réglementent. En France, aucun texte ne le vise spécialement. Sa nature est cependant nettement dégagée, de nos jours, et il reçoit les applications les plus diverses. En ce qui concerne l'incendie, toutes les choses mobilières ou immobilières qui sont susceptibles d'être détruites par le feu, peuvent être assurées et le sont d'ailleurs presque toujours. Elles peuvent l'être : 1° Par leurs propriétaires et les différentes personnes qui ont des droits sur elles : usufruitiers, créanciers hypothécaires, etc. ; 2° Par certains tiers mêmes, qui, dans des cas déterminés par la loi, seraient responsables de l'incendie qui les anéantirait ou les détériorerait. D'où, deux sortes d'Assurances : directe dans le premier cas, indirecte ou de responsabilité dans le deuxième.

Il n'est pas nécessaire en effet d'être propriétaire pour assurer une chose. Le contrat d'Assurance exige seulement pour sa validité — en dehors des conditions de validité de tout contrat :

1° Un risque ;

2° Un intérêt de l'assuré à la conservation de la chose en raison du risque de perte ou de détérioration qu'elle peut courir.

C'est dans l'Assurance dite de Responsabilité que se range l'Assurance du risque locatif. Le Risque locatif, c'est en effet la responsabilité dont le locataire peut être tenu à l'égard du propriétaire à raison des dégâts matériels causés par l'incendie des lieux loués (art. 1733-1734 du C. Civ.). On a discuté pendant des siècles sur la nature de la responsabilité qui pèse ainsi sur le locataire. Les solutions ont souvent varié à ce sujet : le locataire est-il responsable des dégâts causés par l'incendie dans les lieux loués, par le fait seul de l'incendie. Le propriétaire est-il tenu de prouver la faute de son locataire ou, est-ce à ce dernier de prouver que l'incendie est dû à un cas fortuit. C'est cette dernière solution qui a généralement été adoptée, mais c'est seulement de nos jours que l'on a réussi à la justifier en droit pur, sans s'attacher à aucune autre considération, pratique peut-être, mais absolument arbitraire. La jurisprudence n'a malheureusement pas toujours voulu interpréter la loi dans l'esprit qui avait présidé à sa confection et le locataire se trouve exposé, par cela seul qu'il est locataire, à un risque énorme qui peut aller bien au-delà de la valeur de son appartement, puisqu'il permet — d'après la jurisprudence — au propriétaire de demander une indemnité pour non-location pendant la reconstruction, et même d'appeler en garantie son locataire toutes les fois que lui, propriétaire, sera actionné pour des faits se rattachant à l'incendie de sa maison. On voit combien lourde peut être cette responsabilité. Il nous a paru intéressant d'étudier :

1° Ce qu'est le risque locatif ;

2° S'il est possible pour le locataire de s'en décharger par une Assurance ;

3° La façon dont fonctionne cette Assurance ;

4° Enfin, quels sont les effets de cette Assurance vis-à-vis de l'Assuré, de l'Assureur et du Propriétaire.

Ce seront les quatre grandes divisions de cette étude.

PREMIÈRE PARTIE
LE RISQUE LOCATIF

TITRE PREMIER

Évolution Historique.

Nous avons vu très brièvement en quoi consiste le Risque
locatif. L'importance de cette matière est considérable, tant
par les intérêts qu'elle met en jeu, que par les nombreuses
difficultés qu'elle soulève dans la pratique ; il nous paraît
indispensable avant d'étudier le régime actuel, de passer en
revue les différentes dispositions législatives qui l'on régie
à travers les siècles, et les théories qui ont été mises en avant
à son sujet.

§ 1er. — Droit Romain.

Le Droit romain ne semble pas avoir eu une notion bien
exacte de la théorie du risque locatif. L'obligation du loca-

teur est de procurer au locataire l'usage et la jouissance de la chose louée pendant la durée du louage. Si la perte survenue de la chose l'empêche de remplir son obligation, le locataire cesse de devoir la « merces » équivalente de cette jouissance, du jour où la jouissance est devenue impossible sans sa faute. La perte de la chose louée est une cause d'extinction du louage et c'est au propriétaire qui invoque le dol ou la faute du locataire à les prouver comme tout demandeur qui émet une prétention. Le locataire est débiteur d'un corps certain ; il se trouve donc libéré si la chose périt par cas fortuit. Peut-il invoquer pour sa libération pure et simple le fait de l'incendie qui a détruit sa maison ? Cela revient à demander si, en Droit romain, l'incendie était considéré comme un cas fortuit.

Or, la question semble bien n'avoir jamais été tranchée. On cite souvent pour soutenir la négative un texte rapporté au Digeste Liv. I, titre 15, f. 3, ainsi conçu : « *Et quia plerumque incendia culpa fiunt inhabitantium aut fustibus castigat eos qui negligentius ignem habuerunt aut severa interlocutione comminatus, fustium castigationem remittit.* » Mais ce texte n'est qu'une ordonnance de police qui vise indistinctement les preneurs et les bailleurs ; on ne peut en tirer aucun argument pour déterminer la situation respective du propriétaire et du locataire en cas d'incendie. En effet, à ceux qui prétendraient déduire de ce texte que l'incendie n'était pas un cas fortuit puisqu'il était dû la plupart du temps à « la faute des habitants », il serait facile de répondre que le préfet des vigiles étant tenu de prouver la

« négligence » (*negligentia*) de ceux qu'il voulait châtier, il n'y avait aucune raison pour que la même preuve n'incombât pas au propriétaire qui voulait rendre son locataire responsable.

Il est facile de trouver des arguments beaucoup plus solides permettant d'admettre la responsabilité du preneur.. Il suffit de considérer certains textes qui régissent des situations assez semblables à la sienne. Le vendeur d'un immeuble qui n'a pas encore fait livraison, est responsable de la perte survenue, s'il n'a pas donné à la chose les soins d'un bon père de famille qu'il lui doit en vertu même de son contrat. Or, à qui incombe la preuve de ces soins ? A celui qui les doit, répond la Loi 5, Code de pigneratitia in rem actione (IV, 24).

La situation n'est-elle pas exactement la même pour le locataire tenu en vertu de son contrat même, des soins d'un bon père de famille ? (1) Quelles raisons donner en faveur d'une solution opposée ? Bien plus, il est facile de tirer un argument très solide en faveur de la responsabilité du locataire, de la clause parfois insérée dans les baux et rapportée dans la loi 11 § 1 : *Si hoc in locatione convenit : Ignem ne habeto et habuit, tenebitur etiamsi fortuitus casus admisit incendium, quia non debuit ignem habere. »* L'incendie n'est donc pas nécessairement un cas fortuit ; quand il est un cas fortuit, et en l'absence de la clause « *ignem ne habeto* ». le locataire ne répond pas de l'incendie, mais c'est

(1) L. 8 § 5. h. t.

à lui, débiteur d'un corps certain, de prouver le cas fortuit ou autrement dit qu'il n'a, à aucun moment, cessé de donner à la conservation de la chose, les soins d'un bon père de famille.

Telle semble bien avoir été la solution adoptée en Droit romain.

§ 2. — Ancien Droit.

Quoiqu'il en soit, aucun texte précis n'est venu consacrer cette théorie et cette incertitude a été dans notre ancien droit la cause de longues discussions.

« Les docteurs sont partagés sur ce point, dit Basnage, « lorsque la cause de l'incendie n'est point connue, si le « fermier en est responsable à faute de justifier que le mal- « heur n'est point arrivé par sa faute ni par celle de ses « domestiques. » (Coutume de Normandie, art. 153, t. ii, p. 333).

Certains auteurs estimaient que le locataire n'est responsable que de son dol ou de sa faute. A celui qui l'invoque de le prouver. La cause de l'incendie est ignorée ; les risques sont à la charge du locateur sans que le locataire ait rien à prouver pour s'exonérer. L'art. 8, ch. cxvii des Chartes générales de la Province du Hainaut était ainsi conçu : « Si le feu se prenait en quelque maison ou autre édifice tenu « a louage, le louagier ne sera tenu à quelque restitution, s'il « n'est trouvé coupable ou ses domestiques. »

Cependant la Doctrine et la Jurisprudence firent triompher la thèse opposée :

Basnage dit à ce sujet : « C'est une maxime du Palais que « le locataire ou le fermier doit prouver la cause de « l'incendie ; autrement on présume que le mal est arrivé « par sa faute ou par celle de ses domestiques. » Pothier à son tour s'exprime en ces termes : « Comme les incendies « arrivent ordinairement par la faute des personnes qui « demeurent dans les maisons, lorsqu'une maison est incen- « diée, l'incendie est facilement présumé, arrivé par la faute « du locataire ou par celle de ses domestiques, desquels nous « venons de dire qu'il est responsable. C'est pourquoi il est, « dans ce cas, tenu de rétablir la maison incendiée ; à moins « qu'il ne justifie que l'incendie est arrivé par un cas fortuit, « ou que le feu a été communiqué par une maison voisine « où il avait commencé. » (Du louage, n° 194) (V. aussi divers arrêts : 24 janvier 1637, 11 décembre 1657, 22 avril 1743).

Que décider s'il y avait plusieurs locataires et que la cause de l'incendie fut ignorée ? Pothier dit : « S'il y avait plu- « sieurs locataires principaux dans une maison, c'est le « locataire de la partie par où le feu a commencé qui est « seul tenu de l'incendie, mais si on ne sait par où le feu a « a commencé, en seront-ils tenus tous ? Aucun n'en sera- « t-il tenu ?

« Je pense qu'aucun n'en sera tenu, car étant entièrement « incertain par la faute duquel le feu a pris, il ne peut y « avoir lieu contre aucun d'eux à aucune présomption de

« faute, qui puisse servir de fondement contre lui à la
« demande que formerait le locateur pour faire rétablir sa
« maison ; et par conséquent la demande ne peut prouver
« contre aucun. »

Ainsi donc, un incendie éclate dont on ignore la cause.
S'il n'y a qu'un locataire, il est présumé en faute, s'il y en
a plusieurs, ils sont présumés exempts de faute ! Il serait
difficile de trouver un meilleur exemple d'illogisme. S'il est
vraisemblable que l'incendie est dû à une négligence, l'existence de cette négligence est d'autant plus vraisemblable que
les locataires sont plus nombreux. Aussi Pothier ne put,
malgré toute son autorité et toute sa science, faire triompher
cette invraisemblable théorie et de nombreux arrêts consacrèrent la responsabilité des locataires en cas d'incendie,
quel que fût leur nombre.

La solution généralement adoptée dans notre ancien droit
était donc conforme au Droit romain. Mais tandis que le
Droit romain s'appuyait sur la théorie des preuves, notre
ancien Droit cherchait à mettre le fardeau de la preuve à la
charge de celui qui avait le plus de chance d'être le coupable.
Pour les uns c'était le propriétaire, pour la majorité c'était
le locataire. Ni les uns, ni les autres ne semblent s'être
préoccupés de savoir si la solution par eux mise en avant,
était ou non conforme aux principes généraux du droit.

§ 3. — Code Civil.

A quel avis allaient se ralier les rédacteurs du Code civil ? Il ne semble pas qu'ils aient eu une notion très nette et surtout très juridique de la question.

Le projet du Gouvernement, art. 49 et 50, titre XII, était ainsi conçu :

« ART. 49. — Il (le locataire) répond de l'incendie à « moins qu'il ne prouve qu'il est arrivé par cas fortuit ou « force majeure, ou par un vice de construction de la che- « minée, ou qu'il a été communiqué par une maison voisine. »

« ART. 50. — S'il y a plusieurs locataires dans la maison, « tous sont solidairement responsables de l'incendie, excepté « qu'ils ne prouvent que l'incendie a commencé dans l'habi- « tation de l'un d'eux, auquel cas celui-là seul est tenu ; ou « que quelques-uns ne prouvent que l'incendie n'a pu « commencer chez eux, auquel cas, ceux-là n'en sont pas « tenus. »

L'art. 49, vise le cas où un locataire unique habite la maison incendiée ; l'art. 50 le cas où plusieurs locataires se trouvent en présence.

Etudions successivement ces deux cas :

I. — *LOCATAIRE UNIQUE.* — Le locataire répond de l'incendie à moins qu'il ne prouve que l'incendie ne lui est pas imputable. L'art. 49 devenu 1733 est ainsi conçu : « Il répond de l'incendie à moins qu'il ne prouve : que l'incendie est arrivé par cas fortuit ou force majeure, ou par vice de construction, ou que le feu a été communiqué par une maison voisine. »

Les rédacteurs du Code civil se sont donc rangés à la théorie de la responsabilité du locataire. Ont-ils aperçu la justification juridique de la solution qu'ils adoptaient ? L'examen des travaux préparatoires nous démontre le contraire. En effet, au Conseil d'État, M. Defermon fit observer que l'art. 49 « imposait au preneur une obligation « à laquelle il lui serait difficile de satisfaire. Comment, « ajoutait-il, pourrait-il (le locataire) prouver que l'évè- « nement est arrivé sans sa faute ? » Tronchet répondit simplement : « Les preuves de cette nature se tirent des « circonstances. » Tous les textes (1) montrent que les rédacteurs du Code ont été uniquement influencés par la jurisprudence du moyen-âge et par le premier membre de phrase de l'ordonnance de police du Droit romain presque devenu un adage : « *Incendia plerumque fiunt culpa inhabi- tantium.* » Le propriétaire habite souvent loin et ne peut exercer aucune surveillance : Ils se sont dit que mettre le fardeau de la preuve à sa charge c'était défavoriser celui qui avait le plus de chances d'être exempt de fautes et le moins de chances d'obtenir gain de cause. Certains commentateurs modernes sont même allés jusqu'à expliquer cette solution par ce fait qu'il fallait bien se décider à mettre la preuve à la charge de quelqu'un ; autant valait donc adopter la solution qui semblait la plus juste ! (2) « Il faut, disent-ils, que ce soit

(1) V. Notamment explication de M. Joubert devant le corps lé- gislatif. Fenet tome. 14, pages 351-362.
(2) Richard et Maucorps : *Traité des Assurances.*

l'un ou l'autre nécessairement et quelque peine qu'on ait à se décider, on doit bien tôt ou tard en arriver là. » Cette façon de raisonner, peut-être juste en pratique, était en tous cas antijuridique. Il eût été bien plus naturel de montrer que l'art. 49, devenu l'art. 1733, n'est, dans son principe, du moins, que l'application rigoureuse du droit commun, de même que l'art. 1732 qui n'a d'ailleurs jamais été critiqué ! Le locataire doit rendre au propriétaire ce qu'il a reçu ; il est donc débiteur d'un corps certain. Il invoque pour sa libération la perte de la chose due : « *In excipiendo reus fit actor.* » Que dit le Code au chapitre « de la perte de la chose due », art. 1302, § 3 : « Le débiteur est tenu de prouver le cas fortuit qu'il « allègue. » Et encore, art. 1315, § 2 : « Réciproquement, « celui qui se prétend libéré, doit justifier le paiement ou *le* « *fait qui a produit l'extinction de son obligation.* » Il est donc logique que le locataire réponde « des dégradations et des « pertes qui arrivent pendant sa jouissance, à moins qu'il « ne prouve qu'elles ont eu lieu sans sa faute. » (art. 1732). Cet art. 1732 est presque une répétition inutile, étant donné les principes, et personne n'a songé à critiquer cette décision. Comment dès lors eut-on pu justifier une solution contraire dans l'article suivant. Il était nécessaire, pour en terminer avec les controverses, de décider que l'incendie n'est pas, par lui-même, un cas fortuit, mais ce n'était là qu'une raison de plus pour obliger le locataire à prouver sa libération.

Les rédacteurs du Code ne se sont pas rendu compte de la logique de leur décision. Des raisons pratiques leur ont fait adopter une solution conforme au droit commun, mais ils ont cru y déroger et créer, à la charge du locataire, une véritable présomption de faute. Les conséquences qui en découlent pour ce dernier sont particulièrement graves ainsi que nous le verrons. Elles subsistent encore aujourd'hui. En effet, on a eu l'intention, lors de la discussion de la loi de 1883, de modifier l'art. 1733, on a justifié la décision qu'il contient, mais on l'a finalement laissé intact et il doit par suite, être appliqué dans l'esprit qui a présidé à sa confection.

La défiance qu'inspirait le locataire aux rédacteurs du Code, s'est tout d'abord traduite par une disposition exceptionnelle et particulièrement dure. Alors que le locataire répond conformément au droit commun, des dégradations ou pertes qui arriveront pendant sa jouissance, « à moins *qu'il ne prouve qu'elles ont eu lieu sans sa faute* » (art. 1732), il ne peut, en cas d'incendie, dégager sa responsabilité qu'en faisant la preuve de certains faits limitativement énumérés dans l'art. 1733 ainsi conçu : « Il répond de l'incendie, à *moins qu'il ne prouve :*

« (1) que l'incendie est arrivé par cas fortuit,

« (2) ou force majeure,

« (3) ou par vice de construction,

« (4) ou que le feu a été communiqué par une maison voisine. »

L'art. 1733, dit-on, contient non une énumération limitative, mais seulement quelques exemples. La meilleure preuve en est, que tous constituent un cas fortuit. Tronchet disait d'ailleurs « que les preuves de cette nature se tirent des circonstances. » Or, le locataire aura prouvé que l'incendie est dû à un cas fortuit, par cela seul qu'il aura prouvé l'impossibilité de toute faute de sa part.

Cela est impossible à admettre, car absence de faute ne veut pas dire nécessairement cas fortuit. Il y a encore place dans cette hypothèse pour la négligence du locataire : Par exemple, le locataire en prouvant que la maison incendiée était inhabitée, prouve qu'il n'a pas commis de faute, mais non pas qu'il n'a aucune négligence ou imprudence à se reprocher. Or, si l'art. 1732 se contente de la preuve de l'absence de faute, l'art. 1733 demande une preuve positive : celle du cas fortuit, en admettant que ce terme embrasse les trois autres cas prévus par l'article. Le juge appréciera d'après les circonstances, comme disait Tronchet, ce qui constitue un cas fortuit, mais ce sera en tout cas un fait positif nécessairement cause de l'incendie. Cette interprétation est conforme au texte de l'art. 1733 si différent de celui qui le précède, et à l'esprit de la loi si hostile aux locataires que l'article suivant édicte contre eux, lorsqu'ils sont plusieurs, une solidarité injustifiable. Elle est consacrée d'ailleurs, par la jurisprudence et la majorité des auteurs, notamment M. Marcadé qui s'exprime ainsi : (1) « Ce n'est « pas une simple preuve négative de l'absence de la faute que « la loi demande ici, c'est la preuve positive de l'une des « trois causes précisées dans l'article. A tort ou à raison, la « loi, pour forcer les locataires à une vigilance plus grande,

(1). Marcadé Droit civil tome VI page 164.

« ne les décharge qu'à la condition d'indiquer la cause de
« l'incendie ; elle pense que le besoin pour le locataire de
« savoir, afin de pouvoir le dire lui-même, quelle est la cause
« de l'évènement, le poussera de même que l'idée d'une
« responsabilité solidaire, à exercer une surveillance plus
« active, non seulement sur les gens de la maison, mais aussi
« sur les autres locataires, sur les voisins ou sur les tiers, et
« arrivera dès lors à prévenir ou à arrêter beaucoup de ces
« sinistres, qui ne sont déjà que trop nombreux. Non, la loi
« ne se contente pas de la négation du locataire, qui sans
« arriver à l'affirmation d'une des trois hypothèses prévues,
« se contenterait de prouver qu'il n'est pas en faute, et la
« preuve de cette idée se trouva claire et saillante, et dans le
« texte de l'art. 1733 et surtout dans sa combinaison avec
« celui qui le précède et celui qui le suit. »

Lors de la discussion de la loi de 1883, un amendement
fut déposé par M. Bernard, pour permettre au locataire de
dégager sa responsabilité en prouvant simplement l'absence
de faute. Il fut repoussé, le rapporteur M. Durand ayant
déclaré que c'était là l'interprétation que devait déjà recevoir
l'art. 1733. On ne doit tirer de ce fait aucun argument
contre la théorie que nous venons d'exposer. L'opinion de
M. Durand n'ayant pas été consacrée par le législateur,
l'art. 1733 reste intact dans son texte, et nous devons l'appliquer tel qu'il est, quelle que grave que soit la situation
du locataire, du fait de cette dérogation au droit commun (1).

(1) Amiens 6 janv. 86. D. 87. 2. 152.
Cass. 16 Août 1882 S. 84. 1. 33.

II. — *PLUSIEURS LOCATAIRES*. — L'art. 5o, devenu l'art. 1734, en établissait une beaucoup plus grave encore. Il vise le cas où plusieurs locataires habitent l'immeuble incendié. Le Droit romain était muet à ce sujet, la théorie de Pothier condamnée par la jurisprudence : les rédacteurs du Code consacrèrent donc le principe par eux formulé dans l'art. 1733. Malheureusement ils ne s'en tinrent pas là. Animés d'une défiance exagérée envers les locataires, ils prirent une mesure qu'on ne pourrait justifier qu'en déclarant intangibles les drois du propriétaire et sans importance ni valeur aucune ceux des locataires.

Aux termes de l'ancien art. 1734 : « S'il y a plusieurs « locataires tous sont solidairement responsables de l'incen- « die ; à moins qu'ils ne prouven. q l'incendie a commencé « dans l'habitation de l'un d'eux, auquel cas celui-là seul *en* « *est tenu* ; ou que quelques-uns ne prouvent que l'incendie « n'a pu commencer chez eux, auquel cas ceux-là *n'en sont* pas tenus. »

A moins de prouver l'un des deux faits spécifiés dans l'art. 1734, chaque locataire peut être condamné à indemniser le propriétaire de tout le dommage causé par l'incendie. Il subira par conséquent un préjudice irréparable si son recours contre ses colocataires devient illusoire en raison de l'insolvabilité de ces derniers. Il n'y a aucun lien de droit

Cass. 1 décembre 1892. S. 93. 2. 152.
Paris. 19 novembre. 1893. S. 94. 2. 11.
Orléans 4 décembre. 1886. D. 88. 3. 63.
et arrêts cités dans Baudry et Wahl. page 411 tome 18.

entre eux, permettant de dire qu'ils se sont fait mutuellement confiance ; l'un peut avoir un loyer de 20.000 francs, l'autre un de 600 francs. Certains ont pu contracter des obligations très lourdes vis-à-vis du propriétaire, qui devraient n'engager que chacun d'eux. En vertu de l'art. 1734, chacun d'eux répondra pour tous les autres, et lorsque ceux qui auront été poursuivis exerceront un recours contre les autres, l'indemnité se répartira entre eux par tête.

Le législateur avait cru répondre à toutes les objections en déclarant que la solidarité ainsi édictée aurait pour résultat d'obliger les locataires à se surveiller entre eux, et par suite de diminuer dans une notable proportion le nombre des incendies! Malgré de nombreuses critiques, qui laissaient d'ailleurs de côté la théorie des preuves pour ne s'inspirer que de l'impossibilité absolue pour chaque locataire de surveiller son voisin, cet état de choses subsista pendant presque tout le XIXe siècle.

§ 4. — Loi du 5 janvier 1883.

Ce ne furent ni les inconvénients pratiques, ni les erreurs juridiques du système que nous venons d'examiner qui le firent réformer. On remarqua seulement que la solution adoptée par le Code permettait aux Compagnies d'assurances devenues très nombreuses et puissantes, de réaliser des bénéfices injustifiés. M. Viette disait à ce sujet dans son projet de loi : « Les Compagnies d'assurances, dans « leurs polices, ont soin de se subroger aux droits du proprié-

« taire, de sorte que, ou bien leurs chances de pertes devien-
« nent illusoires ou sont considérablement diminuées, ou
« bien elles réalisent deux primes pour un seul et même
« risque. L'assurance contre les risques locatifs n'est autre
« chose qu'un impôt onéreux, dont le paiement n'est pas
« même la récompense d'un service rendu, que les particu-
« liers prélèvent sur les contribuables. » Il proposait en
conséquence de revenir au « *Droit commun* », c'est-à-dire
de libérer le locataire de toute responsabilité tant que le
propriétaire n'aurait pas fait la preuve de la faute du locataire, conformément à l'art. 1382. C'était une erreur de
plus. Il n'y a en effet aucun rapport entre le contrat de
louage qui unit le preneur et le bailleur, d'une part, et le
contrat qu'ils peuvent passer chacun de leur côté, avec un
ou différents assureurs d'autre part.

Quant à l'art. 1733, M. Durand, dans son rapport à la
Chambre des Députés, montre que cet article, loin d'être un
accroc au droit commun, se rattache étroitement à l'art. 1302.
Malheureusement, les Chambres crurent cette constatation
suffisante et laissèrent intact l'ancien texte. Mieux eût valu
sortir cette interprétation par un changement du texte
même de l'article. Celui-ci, en effet, n'étant pas modifié,
reste l'œuvre des législateurs du Code civil, et doit par conséquent être appliqué avec l'esprit qui a présidé à sa confection,
c'est-à-dire comme une présomption de faute à la charge du
locataire.

On fut heureusement moins platonique en ce qui concerne
l'art. 1734, et la discussion aboutit à la loi du 5 janvier 1883.

Mais là aussi, les législateurs ne surent pas êre assez explicites
et leur œuvre n'a abouti, contre leur volonté, qu'à une demi-
réforme.

Le nouvel art. 1734 est ainsi conçu :

« S'il y a plusieurs locataires, tous sont responsables de
« l'incendie, proportionnellement à la valeur locative de la
« partie de l'immeuble qu'ils occupent ;

« A moins qu'ils ne prouvent que l'incendie a commencé
« dans l'habitation de l'un d'eux, auquel celui-là seul est
tenu ;

« Ou que quelques-uns ne prouvent que l'incendie n'a pu
« comencer chez eux, auxquels cas ceux-là n'en sont pas
tenus. »

Art. 1734 § 1.— Il n'y a donc plus de solidarité légale entre
les locataires d'un immeuble incendié. L'application pure
et simple du droit commun, c'est-à-dire de l'art. 1302, aurait
conduit à décider que, chaque locataire devant rendre au propriétaire l'appartement qu'il a reçu, devrait : ou payer les
dégâts survenus dans son appartement et *dans son appartement seul*, ou prouver que l'incendie est survenu sans sa faute.
C'est là une responsabilité qui découle du contrat de chacun
des locataires. Pour augmenter la charge de l'un d'entre eux,
le propriétaire devrait démontrer, conformément à l'art 1382,
que celui-là est coupable ; il pourrait alors lui réclamer la
réparation intégrale du préjudice subi. Encore une fois, le
législateur a cru devoir édicter une disposition exceptionnelle
sans essayer même de la justifier : Il sera fait masse des
dégâts, lesquels seront répartis entre les locataires propor-

tionnellement à la valeur locative des locaux qu'ils occupent. Il s'agit bien entendu de la valeur locative et non du loyer stipulé dans chaque bail ; de même, il ne sera tenu compte que de la valeur locative des locaux susceptibles de brûler, et non, par exemple, de la valeur locative d'un jardin attenant à un rez-de-chaussée.

Art. 1734 § 2. — Que va-t-il maintenant se passer si les locataires prouvent que l'incendie a commencé chez l'un d'eux ou, ce qui revient au même, si tous moins un prouvent que le feu n'a pu commencer chez eux. Quelle va être la responsabilité de ce locataire ? D'après le système de M. Batbie, qui fut adopté par le Sénat et ensuite, quoique à contre-cœur, par la Chambre des députés, il est certain que le locataire ne peut être tenu que d'une part proportionnelle à la valeur locative de son appartement. En effet, en l'absence de toute preuve apportée par le propriétaire, la responsabilité qui incombe au locataire ne saurait aller au delà de l'objet de son contrat qui en est la seule cause. Le propriétaire ne peut lui demander qu'une chose : la restitution de l'appartement, objet du bail. Si le locataire ne peut remplir cette obligation, il doit justifier sa libération ou payer la valeur de ce qu'il a reçu, et ne peut rendre, mais cela seulement. Pour le surplus, l'art. 1382 reprend tout son empire et le propriétaire qui demande davantage doit prouver le bienfondé de sa demande, c'est-à-dire en l'espèce, la faute du locataire. Il pourra alors exiger une réparation intégrale du préjudice subi.

Au surplus, le texte du nouvel art. 1734 § 2, ne dit pas autre chose. « Auquel cas celui-là seul en est tenu », c'est-à dire est tenu « de l'incendie » évidemment, mais dans la mesure où il peut en être tenu, c'est-à-dire dans la mesure où son contrat met une responsabilité à sa charge. Cela est si vrai que le projet primitif portait simplement « est tenu », et que d'après les explications fournies « en », ne fut ajouté que pour un motif de pure forme. La situation du preneur vis-à vis du bailleur, pour le dégât survenu hors de son appartement, est exactement la même que celle des voisins. Comme eux, il ne peut être recherché qu'à raison de faits prouvés contre lui.

Malheureusement, la jurisprudence n'a pas voulu comprendre que la responsabilité du locataire n'existe qu'en vertu de son contrat. Elle a continué à voir là une présomption de faute. Elle a de nouveau confondu en une seule les deux actions, si différentes, nées l'une de l'art. 1302, l'autre de l'art. 1382. Le locataire chez qui le feu a pris, ne prouvant pas le cas fortuit, est présumé en faute de par la loi, donc il peut être condamné à réparer tout le dommage.

Cette hypothèse est pour ainsi dire identique à l'hypothèse du locataire unique réglée par l'art. 1733 ; la même solution doit donc lui être appliquée.

ART. 1734 § 3. — Que va-t-il se passer si quelques locataires prouvent que le feu n'a pu commencer chez eux ? Aux termes de l'art. 1734 § 3, ils ne seront pas tenus de l'incendie. Mais qui va supporter la perte des locaux qu'ils occupaient ? La Chambre des Députés voulait faire retomber cette charge sur les autres locataires : Les locataires sont présumés en faute, il est donc juste, disait-on, que si quelques-uns s'exonèrent, leur part de responsabilité retombe sur les autres.

Ce raisonnement eût été logique de la part des rédacteurs du Code qui ne pouvaient justifier la responsabilité du locataire que par une présomption de faute. Il ne l'était plus dans la bouche de ceux qui faisaient juridiquement découler la responsabilité des locataires de l'art. 1302, et supprimaient l'arbitraire solidarité édictée par le Code.

Le Sénat considéra avec juste raison que les locataires ayant pu s'exonérer ne seraient en rien responsables. La perte de leur part serait pour le propriétaire. C'est la solution à laquelle conduit l'application pure et simple du Droit commun. Celui qui a éprouvé un dommage en subit les conséquences toutes les fois qu'il ne peut établir quel en est l'auteur : *Res perit domino*, cela est parfaitement rationnel. Le Sénat supprima donc du projet de loi de la Chambre les mots « les autres répondant de tout ainsi qu'il est dit ci-dessous » et les remplaça par « les autres seront responsables chacun en proportion de la partie qu'il occupe. » Malheureusement, cette phrase fut elle-même supprimée en dernière délibération *comme n'ajoutant rien à la clarté du texte.*

La jurisprudence, toujours animée du même esprit, ne tint aucun compte de ces travaux parlementaires et adopta la solution préconisée par la Chambre des Députés : C'est une interprétation de la loi d'autant plus fausse qu'elle rétablit en fait l'action *in solidum*, que la loi se proposait de supprimer : « Il résulte de cette jurisprudence, dit

M. Planiol, que chaque locataire peu être tenu d'indemniser le propriétaire bien au-delà de la valeur de la parie de la maison qui lui était louée ; il peut avoir à en payer la totalité, s'il reste seul responsable ; son unique espoir est d'avoir des compagnons d'infortune, tenus en même temps que lui, et qui supporteront une partie de l'indemnité. On arrivait déjà au même résultat avant 1883, à l'aide du recours qu'exerçait contre les autres celui qui était actionné par le propriétaire. La seule différence entre les deux systèmes, est de ne plus forcer l'un des locataires à faire l'avance de l'indemnité pour les autres (ce qu'il pouvait déjà éviter en les faisant mettre en cause), et de ne pas mettre les parts des insolvables à la charge de ceux qui peuvent payer ; la perte est maintenant pour le propriétaire. » (Droit civil, t. ii, n° 1723).

Là encore, la situation faite aux locataires en cas d'incendie, peut mettre à leur charge une responsabilité particulièrement lourde.

Que décider quand le propriétaire habite la maison ?

Avant la loi de 1883, la jurisprudence considérant qu'en cette matière le fardeau de la preuve se rattachait étroitement à une présomption de faute, décidait que le propriétaire n'avait d'action contre ses locataires, qu'après avoir fait tomber la présomption de faute qui pesait sur lui comme sur tous les habitants de la maison. Aussi on décidait qu'il devait prouver que le feu n'avait pas commencé chez lui (Cas.. D. 55. 1. 157). Mais puisque les autres locataires étaient aussi présumés en faute, pourquoi ne pas lui donner action contre eux, déduction faite de la valeur des locaux qu'il occupait lui-même ? Il semble que cette dernière solution aurait dû être adoptée après la loi de 1883 qui rattachait à l'art. 1302 la preuve incombant à chaque locataire. La jurisprudence, se basant sans doute sur le silence de la loi à cet égard, a continué à juger dans le même sens qu'autrefois. (Grenoble 19 décembre 1893, D. 94. 2. 471.).

Faut-il étendre les art. 1733 et 1734 à tous les détenteurs de la chose d'autrui en cas d'incendie ? Au co-propriétaire de la maison l'habitant seul, aux membres de la famille du propriétaire, habitant la maison gratuitement et non comme locataires, au créancier antichresiste, au mari commun en biens, ayant donné à bail un immeuble de sa femme, au locataire de meubles ? Il semble bien que non. L'art. 1733, tout en faisant dans son principe l'application d'une règle de droit commun, contient une grave dérogation en limitant pour le locataire la cause de la libération.

Toutes les dérogations sont de droit étroit, et on ne saurait par suite en étendre par analogie l'application à aucun autre cas quel qu'il soit. L'art. 1302 sera donc seul applicable, toutes les fois que le débiteur invoquera pour sa libération la perte de la chose due, par incendie ou tout autre cause, l'art. 1382 toutes les fois où un demandeur quelconque invoquera un fait quelconque, à l'appui d'une demande en justice. Les art. 1733-34 régissent exclusivement les rapports du propriétaire d'un immeuble, et de son ou ses locataires, en cas d'incendie. Cela est si vrai, que le voisin d'une maison incendiée voulant exercer une action en dommages-intérêts à raison du préjudice qu'il aura pu éprouver, ne pourra jamais invoquer que l'art. 1382, *même si le locataire de la maison incendiée a été déclaré responsable de l'incendie, vis-à-vis de son propriétaire.* (Paris, 11 Décembre 1889. D. 90. 2. 364).

Cela est conforme aux principes, et par surcroît à l'équité. Il est, en effet, très heureux qu'on ne puisse mettre à la charge d'aucun autre débiteur, une responsabilité aussi lourde que celle encourue par le locataire en vertu des art. 1733-34, et surtout en vertu de la fâcheuse interprétation que la jurisprudence a faite de la réforme tentée par le législateur de 1883.

Mais la situation du ou des locataires étant ainsi établie, que va pouvoir leur réclamer le propriétaire en l'état actuel de la jurisprudence ? S'il connaît, ou mieux s'il peut prouver que l'incendie est dû à la faute ou à la négligence d'un locataire, quel que soit le nombre des locataires, celui-là seul devra réparation du dommage, et de tout le dommage résultant directement ou indirectement de l'incendie. Bien plus, le propriétaire ne manquera pas de l'appeler en garantie pour toutes les actions qui pourraient lui être intentées par tous ceux, quels qu'ils soient, qui auront éprouvé un dommage quelconque du fait de l'incendie : recours du propriétaire voisin pour dégâts matériels, perte de jouissance, recours des locataires de l'immeuble voisin, blessés, etc... C'est en un mot l'application pure et simple de l'art. 1382.

Au cas où le propriétaire ignore la cause de l'incendie, en vertu des art. 1733-34, il demandera à son locataire unique ou à chacun de ses locataires, proportionnellement à la valeur des locaux occupés par eux, une indemnité égale au préjudice subi du fait de l'incendie :

1° Valeur matérielle des objets détruits, mais valeur seulement de ces objets usagés au moment de leur destruction, et non une somme nécessaire pour en racheter de semblables neufs (1).

2° Indemnité égale aux loyers perdus pendant la reconstruction de l'immeuble, et jusqu'à la relocation des appartements (Lyon 23 février 1892, D. 92. 2. 393).

Seront-ils en outre responsables des dégâts causés à l'immeuble voisin et aux locataires l'habitant, aux passants blessés par la chute de pierres ou de poutres, en un mot, pourront-ils être tenus de garantir le propriétaire de toutes les pertes matérielles ou résultant de condamnations que celui-ci pourra subir. Il semble que les locataires, responsables en vertu de l'art. 1302, ne devraient être tenus de payer que ce qu'ils ne peuvent restituer, c'est-à-dire leur appartement. Mais nous avons vu que la responsabilité des locataires est fondée sur une présomption de faute. Ils seront donc tenus, de toutes les conséquences de cette faute, s'ils n'arrivent pas à prouver qu'elle n'existe pas à leur charge.

Cette solution semble presque inique. La théorie de la « faute présumée » a cependant eu des conséquences plus graves encore pour le locataire. Elle a conduit la jurispru-

---

(1) Cass. 9 novembre 1869 S. 70. 1.70. Lyon 25 février 1892. Gaz Pal. 92. 1. 463. Caen 29 juillet 1874. Rec. de Caen 1875 page 159.

dence à décider que la responsabilité de ce dernier peut s'accroître à son insu et *même malgré lui,* du fait volontaire de son co-contractant le propriétaire, *postérieurement au contrat qui les lie.* Cela résulte sans discussion possible, d'un jugement du Tribunal civil de la Seine, dont les considérants ci-dessous rapportés furent confirmés par un arrêt de la Cour de Paris l'année suivante (1) :

« Attendu que Baron et Cie occupaient comme locataires « une partie dudit immeuble ; qu'ils ne font pas la preuve « que l'incendie n'a pas commencé chez eux ou a commencé « chez un autre locataire ; qu'il résulte du rapport des experts « commis, que malgré la *division en plusieurs corps de bâti-* « *ments,* l'ensemble des constructions ne composait qu'un « seul et même immeuble, ayant une entrée unique sur la « voie publique.

« Attendu que la responsabilité édictée par l'art. 1733 « s'étend à toutes les parties de bâtiments atteints par l'in- « cendie dans l'immeuble dont il s'agit, *même à celles qui* « *n'auraient été édifiées qu'après l'entrée du locataire dans* « *les lieux ; qu'il n'y a lieu de faire aucune distinction à cet* « *égard ;* qu'elle serait d'ailleurs en contradiction avec le « principe de solidarité ci-dessus rappelé et qui est exclusif « de toute restriction... »

Bien que la solidarité ait disparu depuis la loi de 1883, l'autorité de cet arrêt demeure entière puisqu'il prétend appli-

(1) Trib. civ. S. 23 janvier 1875 : *Journal des Assurances* 1875, page 89 et Cour de Paris 29 mars 1876 : *Journal des Assurances* 1876, page 349.

quer la même solution aux cas prévus par l'art. 1733. On voit combien grave peut-être, dans certains cas, la responsabilité des locataires.

Quelque minime que soit le loyer, les locataires peuvent dans ces conditions être tenus d'une indemnité considérable, et sans qu'ils aient rien à se reprocher, du fait même de la loi qui les présume coupables, voir leur avenir chargé d'une dette écrasante. Est-il possible pour eux de remédier à un aussi fâcheux état de choses ? Oui, par l'assurance du risque locatif. Voyons avant d'en étudier le mécanisme, si elle est licite.

DEUXIÈME PARTIE

Le locataire peut-il assurer le Risque locatif auquel il est exposé?

L'Assurance du Risque locatif est-elle licite ? Il y aurait pour en douter une double raison : 1° Une personne peut-elle — dans l'espèce le locataire —, faire assurer une chose dont elle n'est pas propriétaire ? 2° En admettant l'affirmative, l'assurance couvrira-t-elle seulement l'incendie provenant d'un cas fortuit ou d'une façon générale tous les sinistres, même ceux provenant de la faute de l'assuré.

Pour la première question, il ne saurait y avoir de doute. Il n'est nullement besoin — nous l'avons déjà vu —, d'être propriétaire d'une chose pour l'assurer. Il suffit que cette chose courre un risque, et avoir un intérêt direct à sa conservation. Tous ceux qui se trouveront dans cette situation, pourront souscrire une assurance parfaitement valable. Au surplus, ce n'est pas la maison que le locataire fait assurer, mais seulement le risque, que sa qualité de locataire lui fait courir.

Il est donc certain que le locataire assuré sera garanti par la compagnie d'Assurances, des suites d'un incendie provenant d'un cas fortuit. En sera-t-il de même si l'incendie provient de sa faute ou de la faute de ceux dont il répond.

Autrement dit, peut-on s'exonérer de ses fautes ? Si l'on admet la négative, l'assurance du locataire sera illusoire. En effet, le locataire est de par la loi, présumé en faute. De deux choses l'une : ou il fera une des preuves demandées par l'art. 1733, et alors ni lui, ni par suite la compagnie d'Assurances ne seront tenus ; ou il ne prouvera rien et la compagnie, refusera de payer, parce que le cas fortuit n'étant pas établi, la présomption de faute reste entière, et que la compagnie, par hypothèse, ne répond pas des fautes.

TITRE PREMIER

Peut-on s'exonérer de ses fautes?

La solution de cette question est des plus difficiles à préciser. En effet nos textes de lois ne contiennent nulle part une théorie générale de la faute, et cette imprécision a donné naissance dans la doctrine et la jurisprudence, aux théories et aux décisions les plus contradictoires. Ceux qui prétendent que l'on ne saurait s'exonérer de se fautes, invoquent l'ordre public à l'appui de leur opinion. Ce serait immoral, disent-ils, et cela encouragerait les bénéficiaires d'une pareille clause à être plus imprudents eux-mêmes, et moins soigneux dans le choix et la surveillance de leurs préposés. (Pardessus, Droit commercial, t. ii, n° 542;-- Troplong, t. 3. n° 942)(1).

(1) Alauzet D' Com' tome. 6. N° 2129. Boistel Précis D' Com' N° 1375. Weil. Cauvet. Bedarride, etc.

La Cour de Nancy défendait que l'on s'affranchit de son dol, de sa faute et de ses faits personnels (5 janvier 1860, S. 1860. 1 899). La Cour de Cassation défendait qu'un voiturier ou un entrepreneur de transports, put s'affranchir de la responsabilité de ses fautes ou des fautes de ses préposés (Cass. 26 mars 1860 : S. 1860. 1. 899 — Cas. 24 janvier 1876. S. 1876. 1. 80).

Les auteurs n'étaient pas moins formels dans notre ancien droit. Valin (édition Becane p. 494), disait à ce sujet : « Cela « sans qu'aucune clause puisse valablement charger les assu- « reurs qui assureraient de cette manière. Une telle clause « serait en effet absurbe, illusoire et frauduleuse. » Emerigon (traité des Assurances maritimes, ch. 12, Sect. 2) disait à son tour : « Il est donc certain que les Assurances ne répon- « dent jamais des dommages et des pertes qui arrivent direc- « tement par le fait ou la faute de l'assuré. Il serait en effet « intolérable que l'assuré s'indemnisât sur autrui d'une « perte dont il serait l'auteur. Cette règle dérive des premiers « principes... *Si casus evenit culpâ assecurati non tenentur* « *assecutores.* C'est ici une règle générale à laquelle il n'est « pas permis de déroger par un pacte. »

Pothier partageait les mêmes idées (Assurances n° 65), et notre Code de Commerce traduit le même sentiment dans les art. 351-352 ; il s'est en cela moins inspiré encore de l'ordonnance de 1681 (livre 3, titre 6, art. 27) que de l'opinion des jurisconsultes, résumée dans cette proposition posée en axiome par Pothier : « Il est évident que je ne peux « valablement convenir avec quelqu'un, qu'il se chargera

« des fautes que je commettrai. » Cela est si peu évident que l'art. 353 du Code de Commerce autorise l'assurance de la faute du capitaine, et que de nombreux arrêts autorisent, en matière d'Assurances terrestres, l'assuré à se faire garantir de sa faute (1). Il serait difficile, je crois, de ne pas trouver sur cette question, à l'appui de quelque opinion que ce soit, une théorie ou une décision judiciaire. Quelles sont les principales qui ont été soutenues ?

§ 1er. — Droit Romain.

En Droit romain, nul ne répond du cas fortuit, mais on répond de ses fautes en général. Tout autre est la situation des parties, quand elles sont unies par un contrat : Le contrat fait la loi des parties. De même qu'elles pourront accepter la responsabilité des cas fortuits — comme dans la clause « *ne ignem habeto* » que nous avons déjà rencontrée — de même elles pourront modifier comme elles l'entendront leur responsabilité respective. Il n'y a que le dol, et certaines fautes lourdes, voisines du dol et traitées comme telles, dont elles ne pourront s'exonérer : « *Hoc servabitur quod initio* « *convenit legem enim contractus dedit excepto eo, non* « *valere si convenerit ne dolus præstitur ; hoc enim bona* « *fidei judicio contrarium est et ita utimur.* » Les jurisconsultes romains ont su dégager tous les grands principes qui

___

(1) Poitiers 21 mai 1875 (S. 1875. 2. 138). — Cass. 15 mars 1876 (S. 1876. 1. 337) Lyon 17 février. 1882 (S. 1882. 2. 217).

régissent les « obligations ». Leur œuvre a servi de modèle à tous les monuments législatifs qui ont vu le jour depuis eux. Le Droit français en particulier, s'en est inspiré plus que tout autre ; il l'a, sans toucher à ses principes essentiels, pour ainsi dire *libéralisé* en le dégageant de son formalisme trop rigoureux et en donnant à tous les contrats le caractère de « bonne foi ». Il est singulier qu'il n'ait pas cru devoir admettre sans discussion, sa théorie si libérale sur ce sujet.

§ 2. — Ancien Droit.

Dans notre ancien Droit, Denizart s'affranchissant de l'opinion des jurisconsultes ci-dessus rapportée, dit : « La « faute grossière est assimilée au dol, d'où il suit que les « parties qui contractent ne sont pas plus libres de se déchar- « ger de répondre des fautes grossières, que de répondre du « dol. »

Cela implique évidemment la faculté de s'affranchir des fautes « non grossières » ; cela implique surtout plusieurs genres de fautes, ou mieux différents degrés dans la faute. Voyons les principales définitions qui en ont été données :

§ 3. — Théorie générale de la faute.

Qu'est-ce donc, en droit, que la faute ? C'est selon la définition de M. Planiol, « *un manquement à une obligation préexistante*, dont la loi ordonne la réparation quand il a causé *un dommage à autrui.* L'idée de faute, prise en elle-même, est donc extrêmement simple, et elle est dans une *relation nécessaire avec l'idée d'obligation* : une personne ne peut pas être en faute, si elle n'était tenue de rien avant l'acte qu'on lui reproche. »

Le Droit romain admettait deux fautes : 1° La *culpa lata :* n'avoir pas compris, n'avoir pas prévu ce que tout le monde aurait compris et prévu (1). Il la considérait si voisine du dol, qu'il la traitait comme tel et ne permettait pas qu'on s'en exonérât ; 2° La *culpa levis* ou *levior,* ou *levissima,* appréciée plus ou moins sévèrement, suivant le degré de diligence ou de soins dûs par le débiteur. De celle-là, les parties pouvaient s'exonérer par une clause spéciale.

Pothier, Accurse, Alciat, Cujas, croyant s'inspirer du Droit romain, distinguaient trois fautes :

1° La *culpa lata,* faute lourde *dolo proxima,* assimilée au dol.

2° La *culpa levis,* que ne commettrait pas un bon père de famille, apportant à l'exécution de son obligation « le soin ordinaire que les personnes prudentes apportent à leurs affaires », selon l'expression de Pothier.

3° La *culpa levissima,* que ne commettrait pas un « *pater-familias diligentissimus.* »

Le débiteur ne répondait que : de la première, quand le contrat était dans l'intérêt exclusif du créancier ; de la

(1) (Ulpien L. 23. dig. 50. 17 de div. reg. juris.) — V. aussi L. 27·
§ 29. o. 9. 2; L. 223 D. 50. 16. — L. 1 § 7, D. 16. 3.
L. 223 § 1. Dig. Liv. 50 tit. 16.

deuxième, quand le contrat était dans son intérêt exclusif à lui ; de la troisième, enfin, quand le contrat était dans l'intérêt des deux. Mais en aucun cas, nous l'avons vu, ces jurisconsultes n'admettaient que l'on put s'exonérer d'aucune de ces trois fautes.

Que dit le Code civil ? Rien ou presque rien. Alors que le Code allemand ou le Code fédéral suisse développent à différents endroits la théorie des fautes. Le Code civil avait cru prévoir toutes les hypothèses, sans qu'il fut besoin de donner une définition, en édictant les art. 1382 et 1383. Il y a même eu des interprètes, pour s'extasier sur l'admirable laconisme de ces textes ! En réalité, ce silence de la loi a permis aux théories les plus diverses et souvent les plus opposées, de se faire jour.

Fenet (t. xiii, p. 488), disait en parlant des art. 1382-1383 : « Cette disposition embrasse dans sa vaste latitude tous les « genres de dommages... depuis l'homicide jusqu'à la « légère blessure, depuis l'incendie d'un édifice jusqu'à la « rupture d'un meuble chétif. » Mais, vers le milieu du siècle dernier, on s'avisa que ces textes étaient placés dans le chapitre qui traite des délits et quasi-délits. Ils pouvaient bien n'être que la généralisation du troisième chef de la loi Aquilia, qui ne s'appliquait que lorsqu'il y avait à la fois : 1° *Corpus lœsum* ; 2° *corpore* ; 3° *et injuria* ; et le Droit romain précisait : *generaliter injuria dicitur omne quod non jure fit* (1). Dans ce cas, les art. 1382-1383 ne s'applique-

____

(1) 1. pr. de inj. IV, 4.

raient qu'à ceux qui se rendent coupables d'un délit ou d'un quasi-délit, en contrevenant à une obligation légale. Au contraire, les rapports de ceux qui seraient unis par un contrat, seraient régis par les art. 1137 et 1142. La déduction est facile à prévoir : s'il y a une responsabilité contractuelle, il y a nécessairement une faute délictuelle et une faute contractuelle, qui sont chacune régies par des textes différents ont chacune un caractère différent et produisent par conséquent des effets différents (1) :

I. — *FAUTE CONTRACTUELLE. — FAUTE DELICTUELLE.* — 1° La faute contractuelle se présume, c'est-à-dire, qu'une fois établie l'existence de l'obligation, le débiteur est présumé ne pas l'avoir remplie par sa faute. La faute de l'auteur d'un délit ou d'un quasi-délit, doit au contraire être prouvée, pour exposer son auteur à une réparation.

2° Une faute contractuelle n'expose le débiteur à dommages et intérêts, qu'à partir d'une mise en demeure (art. 1139 et 1146). Celui qui s'est rendu coupable d'un délit ou d'un quasi-délit, est au contraire en demeure de plein droit (art. 1382).

3° En cas de faute contractuelle, les intérêts moratoires ou les intérêts de dommages-intérêts supplémentaires alloués par le juge, ne sont dus que du jour de la sommation de payer, excepté dans les cas où la loi les fait courir de plein droit (art. 1153). En cas de faute délictuelle, le juge peut en

____

(1) V. Baudry-Lacatinerie et Wahl tome XI.

fixer le montant comme il l'entend, même à compter du jour du fait délictueux, c'est-à-dire bien avant la demande.

4° Les articles 1149-1150 ne sauraient être appliquées à la faute délictuelle : il n'y a pas dans cette espèce de parties contractantes dont on puisse présumer les intentions.

5° En matière de faute délictuelle, on répond de sa faute très légère. En matière de faute contractuelle, on s'inspire pour l'apprécier, des art. 1134, 1135 et 1137.

Cette théorie a rencontré d'ardents défenseurs, qui ont su l'appuyer de très solides arguments. Ils en ont tiré de fructueuses conséquences, qu'on a ensuite tenté de justifier au nom d'autres principes, mais qu'ils n'en ont pas moins le mérite d'avoir su dégager: «Un contractant, dit M. Labbé(1), « promet de réaliser au profit d'un autre, la prestation d'un « service convenu ; le Droit commun ne l'obligeait à rien de « semblable, il est sorti au profit de l'autre contractant du « cercle de la liberté naturelle. Il doit uniquement ce qu'il « a promis, et assurément la mesure de diligence fixée par « l'art. 1382 ne saurait s'appliquer à un acte que le droit « commun ne prescrivait pas... Nous devons en fait de dili-« gence comme en fait d'activité, ce que nous avons promis, « renonçant volontairement à notre liberté naturelle, rien de « plus, l'art. 1382 est étranger à cette hypothèse. »

« Si le contrat exonère une partie de la responsabilité de « ses fautes — et cela est permis —, est-il possible de faire

—

(1) V. Notes S. 1885. 4. 25 S. 1886. 4. 25.

« retomber cette partie sous cette même responsabilité en
« invoquant l'art. 1382 ? »

De nombreux arrêts semblaient admettre cette thèse, en
interprétant les clauses de non-responsabilité, insérées dans
certains contrats — principalement dans les contrats de
transports, — comme ayant simplement pour résultat de
renverser la preuve Cette clause fai ait tomber la soi-disant
« présomption de faute. » mise à la charge du voiturier par
l'art. 103 du Code de Commerce ; c'était dès lors au plai-
gnant à prouver la faute du voiturier. Solution bien illogique
si l'on se rappelle les termes formels de l'art. 1134 : « Les
« conventions légalement formées, tiennent lieu de loi à ceux
« qui les ont faites. » La clause était valable ou nulle, mais il
n'y a nulle part dans nos lois, un article autorisant les juges
à dénaturer une convention, en lui donnant un sens impossible, même à soupçonner (1).

Peut-on dans ce cas invoquer l'art. 1382 ? M. Labbé (2)
répond : « Non, car le droit commun destiné à régir l'ab-
« sence de contrat, ne doit pas servir à renverser un contrat
« licite... Nous en concluons que tout contractant doit, rela-
« tivement à l'objet de son contrat, la mesure de diligence
« fixée par le contrat lui-même. S'il est en faute aux termes
« du contrat, il est inutile d'invoquer l'art. 1382 ; si d'après
« le contrat il n'est pas responsable, le recours à l'art. 1382
« ne saurait aggraver sa situation : c'est le développement

______

(1) Une loi du 17 mars 1905 frappe maintenant de nullité absolue
la clause exonérant le voiturier de la responsabilité des fautes.
(2) Loc. citat.

« nécessaire de l'idée, que le contrat est la loi des parties,
« loi spéciale, substituée ou mieux ajoutée, superposée à la
« loi générale. »

Les individus sont donc soumis à deux régimes bien distincts, suivant qu'ils sont juridiquement étrangers les uns aux autres, ou unis par les liens d'un contrat. Dans le premier cas, ils répondent de la faute délictuelle, dans le deuxième de leur faute contractuelle, ayant chacune les caractères différents que nous leur connaissons. Il semble bien que les deux rapporteurs, à la Chambre et au Sénat, de la loi du 5 janvier 1883, se soient inspirés de cette distinction pour caractériser la responsabilité du locataire en cas d'incendie. Mais ils n'ont osé, ni l'un ni l'autre, pousser cette idée jusqu'à ses dernières conséquences. Bien que reconnaissant tous les deux que la responsabilité du locataire ne pouvait en aucune façon découler de l'art. 1382, ils n'ont pas su s'affranchir complètement de l'idée de présomption de faute que l'on avait si longtemps considérée comme la raison d'être des dispositions des art. 1733-1734. Dans leur rapport, la responsabilité du locataire est, parfois dans la même phrase, qualifiée « de faute contractuelle » et de « présomption de faute. » Aussi M. Durand, n'osant pas appliquer purement et simplement l'art. 1302, proposait qu'on laissât subsister certaines dispositions qui ne pouvaient découler que d'une présomption de faute (1). M. Batbie, de son côté,

____

(1) V. Supra art. 1734, M. Durand proposait, lorsqu'il y avait plusieurs locataires, et que quelques-uns s'étaient exonérés, que leur part de responsabilité fut supportée par les autres.

profita de l'ambiguité de certains passages de son rapport, pour donner après le vote de la loi, une interprétation tout à fait opposée à celle qu'il en avait donnée devant le Sénat (1). Ce revirement de M. Batbie, s'explique peut-être par la hantise de la « présomption de faute », mais surtout par les conséquences qu'aurait entraînée dans les rapports d'ouvriers à patrons, la consécration sans réserves, de la théorie de la faute contractuelle.

On ne peut pas ne pas être frappé du développement absolument identique du risque locatif et du risque professionnel. Comme le locataire en cas d'incendie, on considérait le patron, en cas d'accident arrivé à un de ses ouvriers, comme tenu en vertu de l'art. 1382. Mais, comme il n'y avait pas de texte correspondant à l'art. 1733 pour le patron, et mettant à sa charge, contrairement au droit commun, une présomption de faute, la preuve incombait toujours à l'ouvrier demandeur. Le développement extraordinairement rapide de l'outillage industriel, ne tarda pas à montrer les inconvénients d'un pareil système, et la « faute » du patron donna lieu aux mêmes discussions erronées, que la « faute » du locataire.

A propos de la discussion des art. 1733-1734, on avait déposé un projet de loi pour revenir au « droit commun »,

---

(1) M. Batbie disait : le locataire qui ne s'exonère pas est présumé en faute ; or une faute présumée est considérée comme prouvée, donc il est responsable du tout conformément à l'art. 1382. C'était la négation même de son rapport sur lequel la loi a été votée. (V. *Revue critique* 1834 p. 376.)

en déchargeant le locataire de la « présomption de faute »
de l'art. 1733, laissant ainsi le fardeau de la preuve à la
charge du propriétaire, conformément à l'art. 1382. Nous
avons vu que l'on crut devoir maintenir ce que l'on estimait
un régime « d'exception ». Se basant sans doute sur ce
précédent, M. Martin Nadaud déposa sur le bureau de la
Chambre, le 29 mai 1880, un projet de loi qui aurait eu
pour résultat un renversement de la preuve, en mettant à
la charge du patron une « présomption de culpabilité ».
75 o/o des accidents industriels, 90 o/o de ceux survenus
dans les mines, dit-il, ont une cause inconnue, ou du moins
impossible à établir (1). Il est donc juste de mettre à la charge
du patron, une preuve que l'ouvrier ne peut pour ainsi dire
jamais administrer. Les partisans de ce système prétendaient
qu'il amènerait une diminution des accidents, parce que la
crainte de ne pouvoir établir la preuve qui lui incomberait,
rendrait le patron plus circonspect (2). Ne croirait-on
pas entendre ceux qui croyaient édicter une disposition exceptionnelle, parce que le propriétaire ne pourrait jamais, en
raison de son éloignement, de l'impossibilité de surveiller
son locataire, prouver la faute de ce dernier ! Parce que le
nombre des incendies diminuerait en raison de la plus
grande prudence des locataires !

La jurisprudence de son côté, s'était émue de voir combien

---

(1) *Journal Officiel* 3. 4. 7. 10 décembre 1882 annexe 1334 p. 2.494.
(2) Allemagne art. 120. L. 17 Juillet 1878. — Angleterre L.
27 mai 1878. — Suisse art. 2. L. 23 mars 1877.

difficile il était pour un ouvrier d'obtenir une indemnité qui lui était presque toujours due en équité, sinon en droit. Elle s'efforçait de venir en aide à l'ouvrier en étendant en sa faveur, le sens de l'art. 1382, au delà de toutes les limites prévues et imprévues : le 27 avril 1877, la Cour de Dijon reconnaissait qu'il n'y avait aucun moyen connu, d'empêcher l'accident en question, mais condamnait néammoins le patron, pour n'avoir pas découvert ce moyen que personne n'avait découvert avant lui (D. P. 1878, 1. 283). Le 6 février 1894, la Cour de Grenoble reconnaissait qu'un patron avait pris toutes les précautions pour éviter l'accident, mais condamnait le patron pour n'avoir pas pris des précautions extraordinaires et exceptionnelles (D. P. 94. 2. 304).

M. Sainctelette en Belgique, M. Sauzet en France (1), en établissant nettement et juridiquement la théorie de la faute contractuelle, montrèrent que point n'était besoin de torturer les textes ou de déroger au droit commun pour résoudre équitablement la question. Il suffisait pour cela d'appliquer les principes.

En Droit romain, c'était l'action *locati* et non *l'actio legis Aquiliæ* qui était applicable. De même, en Droit français, ce n'est pas l'art. 1382 qui est applicable, mais bien l'art. 1135 : « Les conventions obligent, non seulement à « ce qui est y exprimé, mais encore à toutes les suites que « l'équité, l'usage ou la loi donnent à l'obligation d'après sa « nature. » Le patron, en vertu du contrat de louage d'ou-

(1) *Revue critique* 1883, p. 161.

vrages lui-même, doit garantir l'ouvrier contre tout dommage ou accident, ayant pour cause directe son travail. C'est lui qui est propriétaire de l'outillage, c'est lui qui en connaît le danger mieux que personne, qui place l'ouvrier à l'atelier, parfois contrairement à ses aptitudes. Il n'est donc pas vrai de dire que ce dernier accepte volontairement toutes les clauses du contrat, et s'il est payé plus cher dans les industries dangereuses, c'est que le travail est plus pénible, et non pour qu'il puisse se constituer par avance à lui-même, une rente en cas d'accident possible. « Dans le contrat de transport, dit M. Sauzet, le voiturier doit restituer les marchandises en bon état, dans le contrat de louage d'ouvrages, le patron doit à l'expiration du contrat, rendre l'ouvrier à lui-même indemne de toute diminution dans sa capacité professionnelle, tel en un mot qu'il l'avait accepté lui-même. Du moment qu'un accident est arrivé, il a manqué à son obligation de veiller à la sécurité de l'ouvrier, et par cela même il est en faute. Il n'est pas besoin d'autre preuve contre lui. C'est à lui, pour sa libération, d'établir le cas fortuit. »

Cette théorie fut consacrée par diverses décisions judiciaires à l'étranger : Cour du Luxembourg, 27 novembre 1884 ; Liège, 18 juin 1885 ; Trib. civ. de Bruxelles, 25 avril 1885 ; Trib. de Comm. de Bruxelles, 28 Avril 188.

Mais cette théorie qui admet la liberté absolue des conventions, admet nécessairement la validité d'une clause de l'exonération des fautes. Le patron, dans ces conditions, ne manquerait jamais d'insérer cette clause, qui deviendrait de style, dans tous les contrats de louage d'ouvrage, et cette théorie n'aurait fait qu'empirer la situation des ouvriers, puisque le patron n'aurait non seulement pas répondu des cas fortuits, mais n'aurait même plus été tenu de ses fautes. M. Sauzet avait bien aperçu cette difficulté, mais il se refusait quelque dignes d'intérêt que fussent les ouvriers, à admettre en leur faveur, une solution contraire aux principes et qui aurait défendu au patron de s'exonérer de ses fautes. Il arrivait au même résultat, mais par une voie toute différente : le contrat de louage met à la charge du patron une responsabilité contractuelle et une responsabilité d'assurance, formulée dans l'art. 2000 du Code civil : « Le mandant « doit aussi indemniser le mandataire des pertes que celui-ci « a essuyées à l'occasion de sa gestion, sans imprudence qui « lui soit imputable. » La direction d'une opération impose, à celui qui s'en charge, des obligations spéciales, et le patron se trouve par son contrat, obligé de répondre de toutes les conséquences de la situation de son subordonné. Certains arrêts de jurisprudence ont d'ailleurs consacré cette thèse, notamment un arrêt du 14 août 1852 (D. 1853. 11. 75), qui déclare la Compagnie de chemin de fer, responsable d'un accident survenu à un employé qu'elle avait chargé de surveiller une manœuvre de wagons, sans qu'aucune faute ait été établie soit à la charge de l'ouvrier, soit à la charge de la Compagnie.

Même en rejetant cette thèse, il est facile de trouver bien d'autres arguments pour rendre toujours le patron responsable vis-à-vis de l'ouvrier. Le plus simple, puisque

M. Sauzet compare le louage d'ouvrage au contrat de transport, serait d'admettre, si l'on veut, la théorie de la faute contractuelle, mais, par une disposition exceptionnelle semblable à la loi du 17 mars 1905 relative au voituriers, de défendre au patron de s'exonérer de ses fautes. De nombreux arrêts frappaient d'ailleurs de nullité, toute clause d'exonération en cette matière (1).

Un deuxième moyen consisterait à déclarer la responsabilité du patron un élément essentiel du contrat qu'on ne pourrait par conséquent supprimer. C'est ce que déclarait, toujours à propos du contrat de transport, un arrêt de la Cour de Cassation du 26 mars 1860 (S. 1860, 1. 899).

II. — *PRINCIPE DE CAUSALITÉ.* — Un troisième moyen consisterait à dégager la question des risques de la responsabilité des fautes. Il suffirait pour cela, de baser la responsabilité non plus sur le principe d' « imputabilité », mais sur le principe de « causalité » (2). Les partisans de ce système, voient pour le défendre trois arguments : 1° Historiquement, c'est une principe national ; 2° Economiquement, c'est un principe idéal de simplification du droit ; 3° Socialement, c'est une règle sociale par excellence, fondée sur la solidarité, laquelle est l'idéal de la justice. Les adversaires prétendent que : 1° ce n'est pas un

(1) Nîmes, 25 avril 1882, S. 1882. 2. 202. Cass. 1ᵉʳ juillet 1883. J. P. 1885, 1, 1106.
(2) Saleilles : Théorie générale de l'obligation d'après le 1ᵉ projet du Code civil allemand p. 376, note 1.

principe national, mais bien la résultante d'un état commun
à toutes les civilisations primitives ; 2° économiquement, ce
serait faire passer l'utilité avant la justice ; 3° socialement,
ce serait la négation de toute liberté, car il ne peut y avoir de
responsabilité que là où il y a imputabilité, et sans responsabilité il n'y a point de liberté. M. Saleilles défend le principe de causalité : parce qu'il faut en fin de compte répartir
les risques. En raisonnant comme les adversaires de ce
système « on les fait supporter à celui qui subit l'initiative
« d'un autre, alors que la justice exige que les risques suivent
« l'acte. Le principe de responsabilité subjective aboutit ainsi
« à un renversement des facteurs en matière de justice indi-
« viduelle : limiter la responsabilité au domaine de la faute
« individuelle, c'est infliger la perte à celui qui est purement
« passif, alors que la justice exige que chacun porte la consé-
« quence de ses actes. » L'accident étant du à une machine
ou à un outil, le maître de l'outil ou de la machine sera
responsable de la chose cause de l'accident. C'est cette
théorie qui est en germe dans notre article 1384, § 1. *in fine*
qui édicte une responsabilité du fait des choses : « On est
« responsable non seulement du dommage que l'on cause
« par son propre fait, mais encore de celui qui est causé par
« le fait... *des choses que l'on a sous garde.* » Il suffit pour
tirer de cette disposition toutes les conséquences qu'elle
comporte, de la considérer non comme une « présomption
de faute », éternelle obsession ! mais tout simplement comme
une obligation légale justifiée par l'idée de risque. On évite-
rait ainsi des solutions souvent regrettables. Comme par

exemple, celui où le même éclat de métal blesse un ouvrier et un étranger. Le premier aura droit à une indemnité, à moins que le patron ne prouve l'absence de faute de sa part (1). Le second n'aura droit à rien, à moins qu'il ne prouve la faute du patron, et cela même si ce dernier a été condamné vis-à-vis de l'ouvrier. C'est une des conséquences regrettables de l'idée de présomption de faute et de la distinction entre les fautes contractuelles et délictuelles. « Logiquement, dit « M. Saleilles (2), il n'y a plus qu'un système possible, sus- « ceptible de s'adapter avec la réalité des faits et l'évolution « du droit, c'est celui de la responsabilité par le fait des « choses ; c'est le domaine nouveau, particulièrement large « et élastique, où viendra prendre place la théorie du risque « professionnel. Pour le moment, constatons seulement le « premier pas fait dans cette voie ; il est encore bien timide, « mais la logique juridique ne manquera pas de faire pro- « duire au système, toutes ses conséquences. »

Ce premier pas constaté par M. Saleilles, est une tendance nouvelle alors, de la jurisprudence à s'inspirer en effet de l'art. 1384 dans les procès en responsabilité d'accidents entre patrons et ouvriers, dont on trouve trace dans deux arrêts de la Cour de Cassation, l'un Chambre civile, 16 juin 1896, le 2e de la Chambre des requêtes, 30 mars 1897 (3). Le premier semble reconnaître en principe, à la charge du patron, une responsabilité du fait des choses — de sa machine en l'es-

---

(1) Sous la législation actuelle (loi du 9 avril 1898).
(2) Note D. 1897 1. 433.
(3) D. 97. 1. 433.

pèce —, mais il semble ensuite ne reconnaître cette responsabilité que parce que l'expertise a démontré un vice de construction dans la machine. Le deuxième arrêt, en effet, semble
déclarer que l'art. 1384 n'est pas applicable quand le patron
n'a aucune faute à se reprocher, et que la chose n'est atteinte
d'aucun vice propre. On voit, en effet, combien timide était
le premier pas fait dans cette voie.

III. — *LE RISQUE PROFESSIONNEL.* — Si timide
que fût ce premier pas, il était déterminé par une nouvelle
théorie qui s'était fait jour depuis les explications de
M. Sauzet sur la faute contractuelle. Non seulement on ne
voulait pas que le patron pût s'exonérer de sa faute, mais on
voulait en raison de la situation très intéressante de l'ouvrier,
rendre le patron responsable même du cas fortuit. C'est
la théorie du « risque professionnel », soutenue par
M. Vavasseur (1) : « Quel qu'il soit, maître, patron ou emplo-
« yeur, celui qui loue l'industrie d'un autre est évidemment
« son supérieur ; il y a, je viens de le dire, subordination
« nécessaire de celui-ci à celui-là. Or, subordination implique
« protection, de même que protection implique garantie, et
« par cette suite de déductions nous arrivons à reconnaître
« que si l'action en indemnité de l'employé dérive immédiate-
« ment du fait de l'accident, elle prend sa source dans le con-
« trat lui-même ; le fait a donné ouverture à l'action dont le
« germe était dans le contrat. » Ce n'était rien dire de plus,

(1) Journal *La Loi*, 2 Juill. 1885.

que ce qu'avait déjà dit M. Sauzet. M. Pic (L. 9 avril 1898,
extrait de la *Rev. Econ. Polit.*), essayait ainsi de justifier les
conséquences extrêmes que l'on voulait tirer de la théorie
du « Risque professionnel » : « La production industrielle,
« exposant le travailleur à certains risques, c'est à celui qui
« recueille le profit de cette production, c'est-à-dire au
« patron que doit incomber l'obligation d'indemniser la
« victime en cas de réalisation du risque, abstraction faite
« du point de savoir si le patron a commis une faute suscep-
« tible d'engager sa responsabilité. En d'autres termes, la
« réparation de tous les accidents dont les ouvriers sont
« victimes dans leur travail, doit rentrer dans les frais géné-
« raux de l'entreprise, et par conséquent être supporté par
« le chef d'industrie. »

Ce sont là des considérations humanitaires très élevées,
mais qui n'ont aucune base juridique. Il faut se garder, dans
toute réforme législative, de l'arbitraire même pour arriver
à une solution conforme à l'équité la plus parfaite. Le droit
est une science qui a des règles qu'il faut de toute nécessité
respecter, sous peine de faire de cette science une suite de
dispositions sans aucun lien et souvent contradictoires.
C'est pour cela que l'on ne saurait introduire dans notre
Code, une réforme législative sur la base du risque professionnel ainsi établi. La jurisprudence cependant s'était émue
de toutes ces théories. Elle considérait le sort des ouvriers
comme infiniment digne d'intérêt ; elle cherchait en leur
faveur à étendre au delà de toute vraisemblance, le sens de
l'application de l'art. 1382. Mais elle ne voulait pas accepter

la théorie de la faute contractuelle qui eut mis la preuve à la charge du patron. Egalement troublée par la théorie du risque professionnel, mais ne voulant pas l'admettre non plus, elle cherchait à appliquer à certaines espèces l'art. 1384. Elle aurait pu, en appliquant intégralement cet article, entrer dans une voie nouvelle et consacrer une évolution particulièrement intéressante du droit moderne. Malheureusement, là encore, elle craignit de pousser l'idée jusqu'à ses extrêmes limites, et n'arriva qu'aux solutions boiteuses ci-dessus rapportées (1). Ce n'est qu'en 1898, qu'une loi vint mettre fin à cet état de choses (L. du 9 avril 1898). Consacra-t-elle une de ses théories sur la faute ou la responsabilité du patron ou de l'ouvrier ?

L'art. 20 est ainsi conçu : « Aucune des indemnités déterminées par la présente loi ne peut-être attribuée à la victime qui a intentionnellement provoqué l'accident. Le tribunal a le droit, s'il est prouvé que l'accident est dû à une faute inexcusable de l'ouvrier, de diminuer la pension fixée au titre 1.

« Lorsqu'il est prouvé que l'accident est dû à la faute inexcusable du patron ou de ceux qu'il s'est substitué, dans la direction, l'indemnité pourra être majorée, mais sans que la rente ou le total des rentes allouées puisse dépasser soit la réduction, soit le montant du salaire annuel. »

Nulle part dans cette loi, il n'est question en termes formels

(1) Cass. 16 juin 1896 ; 30 mars 1897 (D. 1897 1. 483), Orléans 10 fév. 1892 (S. 1893. 2. 20).

de preuve à la charge de l'une ou de l'autre partie. L'art. 1 met sans autres explications, les conséquences de l'accident à la charge du chef d'entreprise. Cela semble donc être une consécration de la théorie de la responsabilité du fait des choses. En réalité, c'est une consécration de la théorie du « Risque professionnel », de l'idée d'entreprise. Cela est d'autant plus fâcheux, que les anciens errements de la jurisprudence sont restés le droit commun pour toutes les industries non soumises à la loi de 1898.

Mais si l'on a pu ariver à cette solution de la loi de 1898 sans trancher la question de preuve et de faute, la distinction entre la faute contractuelle et la faute délictuelle ne devient-elle pas bien inutile ? Les uns ont déclaré qu'elle n'était pas sérieusement contestable, les autres qu'elle était absurbe.

M. Lefebvre (*Revue critique*, 1886, p. 485), prétend qu'il n'y a qu'une sorte de responsabilité, parce que pour qu'il y ait responsabilité il faut qu'il y ait faute, or, toute faute est un délit, et comme tel est soumis à l'application de l'art 1382 qui contient toute la thèse juridique de la responsabilité : « Il nous paraît impossible de concevoir que l'inexécution d'un contrat, loi particulière, soit autre chose qu'enfreindre les dispositions de la loi, contrat général implicitement accepté des parties. » Conséquence : tout demandeur devra apporter la preuve du bien fondé de sa demande, toujours, dans tous les cas. Il y a bien, dit encore M. Lefebvre, certains articles 1302, 1315 qui mettent la preuve de la libération à la charge du défendeur, mais ce sont des dérogations au droit commun, sur lesquelles il serait trop long de s'expliquer !

C'est peut-être répondre de façon insuffisante aux objections qui précisément rendent sa théorie inadmissible. M. Grand-moulin établit au contraire l'unité de la faute par ce fait que la loi est un contrat établi par le consentement de tous les citoyens, que le droit dérive par suite, d'une convention qui donne naissance à l'obligation légale.

Toutes ces distinctions sont absolument inutiles, parce que « la nature de l'obligation violée reste sans influence sur la faute. » La faute est « un manquement à une obligation préexistante, dont la loi ordonne la réparation quand il a causé un dommage à autrui » ; peu importe que ce soit volontairement ou involontairement : il suffit que ce soit un fait illicite. Les « obligations préexistantes » nécessaires, indispensables pour qu'il puisse y avoir faute, sont les unes légales, les autres conventionnelles : En l'absence de tout contrat spécial, les conditions du délit civil seront déterminées d'un façon particulièrement stricte, mais uniforme sur le respect du droit d'autrui ; en présence d'un contrat, l'étendue de l'obligation et par suite de la faute, manquement à cette obligation contractuelle, seront déterminées d'après la nature de la convention elle-même, et les clauses spéciales qui y seront portées. C'est la théorie du Code allemand (1). C'est aussi celle du Code civil français. Mais comme les obligations légales ont généralement pour objet un fait négatif, et les obligations contractuelles un fait positif, ce sera dans le premier cas au demandeur à prouver le fait

(1) Saleilles Theo. G^{le} de l'Obligat. N° 15.

positif qui constitue la violation, et dans le deuxième cas, au défendeur à prouver le fait positif qui établira la libération. C'est parce que la preuve est généralement à la charge du demandeur dans la « faute délictuelle », et généralement à la charge du défendeur dans la « faute contractuelle », que l'on a prétendu qu'elle était « présumée » dans le deuxième cas. Il faut complètement abandonner cette terminologie fausse à tous les points de vue. Il ne faut parler ni de renversement de preuve ni de faute présumée. Il faut regarder si l'obligation contractée est remplie, si la libération est acquise.

Cela est si vrai que dans les obligations conventionnelles. de ne pas faire (art. 1145) en cas d'inexécution ou de faute du débiteur, la preuve, incombera toujours au créancier demandeur. En revanche, dans les obligations de faire ou de donner, une fois l'obligation prouvée, la preuve de la libération incombera toujours au débiteur-défendeur. Les art. 1147, 1148, 1710, 1784 par exemple, ne font que répéter le principe contenu dans les art. 1302 et 1315. On a pris pour une règle ce qui résulte seulement de l'objet en général des obligations légales ou conventionnelles. Les autres différences, que l'on prête aux deux fautes, s expliquent par la différence de nature des deux sortes d'obligations. Les unes touchent à l'ordre public. les autres sont créées de toutes pièces par la volonté des parties. Il n'est donc pas étonnant qu'elles soient soumises à un régime plus strict les unes que les autres. Les art. 1150-1151 ne sont pas applicables à celui qui se rend coupable d'un dol, parce qu'il doit une réparation intégrale, tandis que celui qui manque à une obligation conventionnelle, ne répond que de ce qu'il a pu prévoir. Mais de ce qu'il y a plusieurs sortes d'obligations, il ne s'ensuit pas qu'il y ait nécessairement plusieurs sortes de fautes. A quoi servirait d'ailleurs cette classification. L'appréciation des juges serait toujours nécessaire pour faire rentrer chaque espèce dans une des catégories prévues. Autant vaut dire que tout manquement illicite à une obligation quelle qu'elle soit, est une faute qui sera appréciée suivant la gravité du manquement : et que la preuve en sera administrée suivant les deux vieux principes qui régissent le droit, en matière de preuve depuis Rome : *Actori incombit probatio : in excipiendo reus fit actor* ; ou si l'on veut réunir les deux formules en une seule : *Probatio incombit ei qui dicit.*

Il est donc inutile de se demander s'il y a lieu de classer la responsabilité du locataire en cas d'incendie, parmi les responsabilités délictuelles ou contractuelles. Même en admettant à sa charge la « présomption de faute » que les rédacteurs du Code ont édictée dans les art. 1733 et 1734, il doit pouvoir s'exonérer de sa faute, et c'est là le point vraiment important. Larombière dit : (1) « La faute s'apprécie donc suivant « l'inexécution de l'engagement, et sa prestation se mesure « sur l'étendue des soins promis expressément ou tacitement « eu égard à l'objet du contrat. » Puisqu'il n'y a pas de limites dans le minimum de soins que l'on peut promettre

—

(1) Des obligations art. 1137 N° 15.

ou stipuler, ou du moins puisqu'il n'y a pas d'autres limites que la bonne foi qui caractérise tous les contrats (art. 1134), rien n'empêche de stipuler qu'on ne sera tenu d'aucune faute en dehors du dol. C'est la théorie du Code allemand, (art. 225). Il autorise même la clause de non-responsabilité du dol des employés (art. 278). Le Code fédéral (art. 115) n'admet pas l'exonération de la faute lourde, et c'est sans doute la théorie qu'il convient d'admettre en droit français. Les dispositions exceptionnelles qui interdisent aux voituriers, aux Compagnies de chemin de fer, de s'exonérer de leurs fautes sont des dérogations justifiables par ce fait que ces entrepreneurs ont charge de vies humaines et ont en outre des monopoles de fait ou de droit qui obligent, en quelque sorte, les voyageurs ou les négociants à avoir recours à leur intermédiaire. Ceux-ci n'ont donc pas toute leur liberté pour traiter, et ce sentiment suffit à lui seul, en dehors de toute clause de non-responsabilité, à augmenter l'incurie et la négligence des entrepreneurs.

Mais en dehors de ces exceptions, de nombreux arrêts (1) ont décidé que l'on ne peut, par aucun pacte, stipuler l'immunité de son dol ou de ses fautes lourdes, reconnaissant par là, la validité de la clause pour toute autre faute. Les art. 350 et 351 du Code de Commerce ne sont donc pas applicables aux Assurances terrestres, et le locataire assuré sera garanti en cas d'incendie par son assurance jusqu'à

(1) Douai 5 aout 1867 (S. 1868. 2. 103). — Lyon 23 juin 1863. (S. 1863. 2. 23) Cass. 15 mars 1876 (S. 1879. 1. 337).

concurrence de sa faute lourde ou de son dol. Les raisons qui ont fait mettre toujours, dans tous les cas, même de faute lourde de l'ouvrier, la responsabilité à la charge du patron, n'existent pas pour mettre toujours la responsabilité de l'incendie à la charge du locataire. Quelque respectables que soient les droits du propriétaire, il n'y a aucune raison, en présence d'une catastrophe, de ruiner le locataire, uniquement pour sauver la fortune du propriétaire. On peut cependant soutenir que là encore, il y a une certaine analogie entre les deux situations.

Le patron est tenu, en vertu de sa qualité de propriétaire de machines dangereuses, ou tout au moins en sa qualité d'entrepreneur, pour ceux qui n'admettent que le Risque professionnel. Le locataire incendié est tenu, en vertu de sa qualité de locataire, à certaines responsabilités. Puisque l'assurance est admise dans le premier cas, il n'y a aucune raison de la déclarer nulle dans le deuxième. De nombreux arrêts autorisaient d'ailleurs l'assurance de ses fautes, bien avant la loi du 9 avril 1898. Voyons maintenant, puisqu'elle est licite, comment fonctionne cette assurance.

TROISIÈME PARTIE

De quelle façon fonctionne l'Assurance du risque locatif.

Il est indispensable pour s'en rendre compte de reproduire ici dans ses dispositions principales, une Police incendie ; nous n'insisterons d'ailleurs que sur les articles ayant trait à l'assurance du risque locatif, mais nous ne pouvons pas les détacher de leur contexte. Pour qu'ils puissent être bien compris, ils ne faut pas qu'ils se présentent sans attache avec l'ensemble, en l'air. C'est la police-incendie de la Compagnie l'Urbaine que nous citerons : toutes les Compagnies ayant sensiblement les mêmes conditions générales. Lesquelles peuvent se ranger sous cinq chefs différents : objet de l'assurance, payement des primes, déclarations et obligations de l'assuré, sinistres, réglement et paiement des dommages.

A. — Objet de l'Assurance.

« ARTICLE PREMIER. — La Compagnie assure contre l'in-
« cendie, lors même qu'il est occasionné par le feu du ciel,
« toutes les propriétés mobilières et immobilières désignées
« dans la présente police.

« Elle assure aussi, en cas d'incendie, et quand la stipu-
« lation en est faite dans la police, les riques ci-après :

« Le recours locatif, c'est-à-dire les effets matériels de la
« responsabilité à laquelle l'assuré est soumis comme loca-
« taire, aux termes des art. 1733-1734 du Code civil.

« Le recours des voisins, c'est-à-dire les suites matérielles
« de toute action que les voisins pourraient exercer contre
« l'assuré pour communication d'incendie à leurs bâtiments,
« mobiliers et marchandises, en vertu des art. 1382, 1383,
« 1384 et 1386 dudit Code.

« Le recours des locataires contre les propriéatires ou les
« effets de la responsabilité encourue par ces derniers pour
« les dommages causés aux mobiliers et marchandises des
« dits locataires, dans les cas prévus par les art. 1386 et
« 1721 du même Code.

« La Compagnie assure également contre les dommages
« autres que ceux de l'incendie, provenant de l'explosion de
« la foudre, du gaz servant à éclairer et des appareils à
« vapeur, les objets déjà assurés par elle contre l'incendie,
« lorsque chacun de ces risques est spécifié dans la police par
« une clause spéciale, et moyennant un supplément de prime
« payé par l'assuré.

« Art. 2. — La Compagnie n'assure pas les dépôts, maga-
« sins et fabriques de poudres à tirer, les titres de toute
« nature, les pierreries et perles fines, autres que celles mon-
« tées et à usage personnel, les billets de banque, les lingots
« et les monnaies d'or et d'argent. Elle ne garantit pas les
« dommages d'incendie ou autres, occasionnés par volcans

« et tremblements de terre. Elle ne répond en aucun cas des
« objets perdus ou volés pendant ou après l'incendie.

« ART. 3. — L'assurance contre l'incendie ne comprend
« pas les détériorations quelconques, provenant de la fermen-
« tation ou du vice propre de la chose assurée, non plus que
« les pertes résultant d'un défaut ou d'un accident de fabri-
« cation. L'assurance contre la foudre ne s'étend pas aux
« dégâts causés par les trombes, les ouragans, ou par tout
« phénomène météorologique autre que le feu du ciel ; celle
« contre l'explosion des chaudières à vapeur ne s'étend pas
« non plus aux dommages de crevasses ou fissures causés
« par l'usure ou les coups de feu. La Compagnie n'est res-
« ponsable, dans ces divers cas, que des dommages d'in-
« cendie qui en sont la suite. La Compagnie ne répond des
« tulles, des dentelles, des cachemires, des médailles, des
« bijoux, de l'argenterie, des tableaux, des statues et, en
« général, de tous les objets rares et précieux, mobiliers ou
« immobiliers, que lorsqu'ils sont spécialement désignés
« dans la police, et qu'un capital distinct est affecté à la
« garantie de chacune de ces espèces d'objets.

« En cas de guerre, d'émeute, d'invasion, et dans tous
« les cas d'occupation totale ou partielle, par des troupes
« françaises ou étrangères, armées ou non armées, des bâti-
« ments assurés ou renfermant les objets assurés, la Compa-
« gnie ne répond de l'incendie que si l'assuré prouve qu'il
« ne provient ni directement, ni indirectement de l'une des
« causes ci-dessus.

« La Compagnie n'est jamais responsable que des dom-

« mages matériels ; elle ne doit aucune indemnité pour chan-
« gement d'alignement, défaut de location ou de jouissance,
« résiliation de baux, chômage et toute autre perte non
« matérielle. Toutes les dispositions et exceptions ci-dessus
« sont applicables à tous les risques garantis par la police. »

Les articles que nous venons de rappeler déterminent le
rayon d'action de la Compagnie, ils indiquent ce qu'elle
assure et ce qu'elle n'assure pas. Il n'entre pas dans le cadre
de ce travail de passer en revue les diverses opérations que
la police énumère ; l'une d'elles seulement doit retenir notre
attention : celle qui a pour objet le recours locatif. Remarquons d'abord que le propriétaire peut assurer son locataire contre les effets de la responsabilité, résultant des
art. 1733 et 1734. Dans ce cas, les Compagnies consentent
de larges réductions sur le taux habituel des primes. Voici
quelques précisions à cet égard. Le risque locatif est-il assuré
à part ? La prime à payer est des 3/4 de celle de la propriété,
sans qu'elle puisse d'ailleurs être inférieure à o fr. 20 par
1000 fr. Le risque locatif est-il au contraire assuré à la même
Compagnie que l'immeuble ? La prime n'est plus que de la
moitié de celle de la propriété. Si même ces deux assurances
sont faites dans un seul contrat, la prime n'est plus que du
1/4 de celle de la propriété, sans pouvoir toutefois descendre
au-dessous de o fr. 10 par 1000 francs.

En procédant ainsi, en assurant son locataire contre les
suites des art. 1733 et 1734, le propriétaire, moyennant un
léger sacrifice, se prémunit contre l'inconvénient de voir
son propre assureur récupérer contre son locataire, l'indem-

nité qu'il aurait dû lui verser. C'est ce qu'observe justement un arrêt de la Cour de Caen, du 10 juillet 1879 :

« Attendu, dit la Cour, que le 31 août 1872, les bâti-
« ments à l'usage de la Brasserie, appartenant à la veuve
« Viret, et dont elle était encore propriétaire, ont été détruits
« par un incendie ;

« Que le dommage régulièrement constaté s'est élevé à
« 5.437,59 : que ces bâtiments avaient été assurés par la
« veuve Viret les 29 janvier 1861 et 29 novembre 1864, *tant*
« *pour elle que pour ses locataires*, à la Société représentée
« par Hillier ;

« Que l'assurance des locataires par le propriétaire est
« parfaitement autorisée par l'art. 10 des Statuts, lequel
« en précise les conséquences dans les termes suivants :
« Cette assurance a pour effet de mettre les locataires ou
« fermiers à l'abri de tout recours de la part de la Société » :

« Attendu qu'en assurant comme il vient d'être dit, la
« veuve *Viret ne stipulait pas pour ses locataires*, et dans le
« but de leur assurer un avantage quelconque ; que la preuve
« en est dans le fait qu'elle n'indiquait pas même leur nom
« dans la police, et qu'elle ignorait, à l'époque où elle la
« souscrivait, quels seraient ceux qui occuperaient les lieux
« assurés à l'expiration de cette police, mais qu'elle contrac-
« tait dans son propre intérêt, afin de se prémunir en cas de
« sinistre contre les périls qu'aurait fait courir au maintien
« et à l'exécution de ses baux présents et futurs, le recours
« de l'assureur contre ses locataires ;

« Que dès lors les contrats susdits étaient parfaits et défi-

« nitifs par le seul consentement de la veuve Viret et d'Hittier,
« même par rapport à l'assurance des locataires qui en était
« une des conditions, sans qu'il fût besoin, comme dans le
« cas prévu par l'art. 1121 du Code civil, de l'acceptation
« de ceux-ci. »

Des objections ont été faites contre cette assurance des locataires par les propriétaires. Certains ont prétendu y voir
une stipulation pour autrui. Le jugement ci-dessus rapporté
met à néant cette objection. D'autres ont prétendu tout à
la fois, ce qui est contradictoire, qu'elle constituait une
aggravation de charge pour le propriétaire, sans que le
locataire y gagnât rien. De deux choses l'une, ou bien le
propriétaire s'indemnisera, en augmentant le loyer et alors
sa condition ne sera pas empirée, ou bien il ne s'indemnisera
pas et le locataire verra la sienne améliorée.

Mais, ne pourrait-on craindre que le fléau de l'incendie ne
s'étende, les locataires étant ainsi à couvert, sans bourse
délier ? Leur insouciance ne serait-elle pas de la sorte favo-
risée ? Peut-être ; mais il ne faudrait pas s'exagérer la portée
d'une telle considération. Presque tous les locataires s'assurent aujourd'hui contre le risque locatif, et prennent cependant autant de précautions que s'ils n'étaient pas assurés ; il
n'y a que de rares exceptions : la moralité générale est assez
élevée pour que l'incendie soit redouté pour lui-même et non
pas seulement à raison des inconvénients qu'il peut entraîner
pour chacun de nous. Mais les Compagnies n'encouragent
pas leurs agents à contracter de assurances multiples dans
une seule et même police, parce que, ainsi que nous l'avons

dit ci-dessus, les tarifs sont dans ce cas très réduits.

Il peut arriver — et le fait s'est produit — qu'un propriétaire assure son locataire contre la responsabilité qui pèse sur lui du chef des art. 1733 et 1734, et que le locataire, ignorant ce contrat, s'assure à son tour contre la même responsabilité. Notons d'abord qu'il n'y a point ici un cas de « double assurance » à proprement parler du moins. La double assurance n'existe que si le *même assuré* fait garantir le *même objet* par deux Compagnies. Elle ne saurait avoir d'effet : un assuré ne peut pas toucher deux fois la valeur de ce qu'il aurait perdu dans un sinistre. Il y a là un principe fondamental qui est ainsi formulé dans la police de l'Urbaine :

« ART. 4. — L'Assurance ne peut jamais être une cause de « bénéfice pour l'assuré, elle ne lui garantit que l'indemnité « des pertes réelles qu'il a éprouvées... » La jurisprudence est pleinement fixée dans ce sens. Il a été notamment jugé par le Tribunal civil de Rouen, le 16 mai 1895, que l'assuré doit à peine de déchéance en cas de sinistre, déclarer à l'assureur *non seulement toute assurance nouvelle par lui contractée avec une autre compagnie,* mais encore toutes *les réductions diminutions ou autres modifications qu'il fait subir à ses polices. (Journal des Assurances,* année 1895, page 253).

Revenons à l'hypothèse que nous envisagions et dans laquelle, répétons-le, le risque locatif a été successivement assuré par le propriétaire et le locataire, à l'insu de l'autre. Vienne un sinistre, comment sera réglée l'indemnité ? D'abord il n'est pas douteux qu'elle soit due, les considérations qui ont fait condamner la double assurance n'existant point ici ; mais qui devra payer ? La Compagnie qui a assuré le propriétaire peut-elle se retourner contre le locataire pour la moitié du préjudice, sous prétexte qu'il y a deux assurances et que dès lors la perte doit se répartir par portions égales entre elles ? Il en serait ainsi dans le cas des co-assurances ; il y a co-assurance quand par exemple un propriétaire assure un immeuble pour 5o.ooo fr. à une Compagnie, et pour 5o.ooo à une autre, au vu et au su des deux.

Une telle pratique est constante lorsqu'il s'agit de propriétés d'une valeur considérable, mais l'hypothèse que nous étudions est différente. La Compagnie qui a assuré les risques locatifs en même temps que l'immeuble, et qui se trouvait être la première en date, n'a aucun recours à exercer contre le locataire. Il ne s'agit point, en effet, de deux assurances garantissant au profit d'une même personne, les risques qui pèsent sur une même chose. Il s'agit d'assurances distinctes, contractées sans concert, successivement par des parties différentes. La deuxième assurance est nulle, faute d'objet, puisque le locataire a assuré un risque qui n'existait réellement plus, puisqu'il était déjà couvert. Cette solution a été admise par un jugement du Tribunal civil de Dijon, du 7 août 1875 (*Journal des Assurances*, année 1876, page 15).

Cette façon de procéder qui consiste pour le propriétaire à assurer lui-même le risque locatif de son ou ses locataires est, aujourd'hui du moins, très peu employée. On arrive au même résultat par un moyen beaucoup plus simple : Le propriétaire, soit de son propre mouvement, soit sur la demande de son locataire, renonce à exercer son recours locatif et fait insérer cette clause de renonciation, moyennant une légère augmentation de primes, dans la police d'assurance directe qu'il souscrit lui-même pour la valeur de l'immeuble. Ce procédé a les mêmes avantages que le précédent et ne peut encourir les mêmes critiques. Il ne saurait en effet être question de stipulation pour autrui, puisque le bailleur renonce simplement — ce qui est bien son droit, — à l'exercice d'une action qui peut éventuellement faire partie de son patrimoine. Il ne saurait non plus y avoir de difficultés au cas où le locataire, ignorant cette clause de renonciation, aurait par ailleurs assuré son risque locatif. Cette dernière assurance restera tout simplement sans effet, puisqu'elle ne doit en produire que si le bailleur exerce son recours et que dans l'espèce, il ne l'exercera pas.

Mais il ne faut pas oublier que tant que le bailleur n'a pas renoncé à son recours locatif, il reste maître de l'exercer, même s'il a chargé son locataire d'assurer son immeuble. C'est ce que vient de décider un arrêt de la Cour de Bordeaux : Un locataire devait, en vertu d'une clause de son bail, assurer l'immeuble pour le compte du propriétaire. Ce qu'il fit, mais en omettant de faire insérer une clause de renonciation au recours locatif. Survint un sinistre. Le locataire actionné par le propriétaire, le paya en ayant soin de se faire subroger dans ses droits contre la Compagnie d'assurances. Cette dernière refusa de payer — et la Cour lui a donné raison — parce que le locataire n'avait fait que payer son dû. Si la Compagnie en effet l'avait payé, comme subrogé aux droits du propriétaire, elle aurait eu contre lui, locataire, comme subrogée à son tour dans les droits du propriétaire son assuré, une action en recours locatif qui lui aurait permis de rentrer dans la somme par elle déboursée.

Résumons ici ce qui précède : le risque locatif peut être assuré soit par le propriétaire en même temps que son immeuble, soit par le locataire en même temps que ses meubles, etc..., qu'il s'adresse à cet effet à la même Compagnie que son bailleur ou à une autre. La façon la plus économique de procéder, c'est la première, et c'est pourquoi les agents des Compagnies se gardent en général, de la préconiser. On arrive également au même résultat, nous venons de le voir, et de façon aussi économique, en faisant insérer une clause de renonciation dans la police du bailleur.

DIVISIBILITÉ, INDIVISIBILITÉ DE LA POLICE. — Supposons maintenant que diverses assurances aient été réunies dans une même police. Forment-elles un bloc et doivent-elles suivre le même sort au point de vue de la validité, ou bien au contraire gardent-elles chacune leur individualité propre ? C'est la question de la divisibilité ou de l'indivisibilité de la police. Elle a été l'objet d'une consultation de M. Morisse dans le *Journal des Assurances* (année 1857, pages 117 et 145). Voici l'espèce : X. s'assure pour son mobilier et ses marchandises, ainsi que ses risques locatifs — admettons qu'il ait forcé la valeur de son mobilier et de ses marchandises au delà du prix de vente le plus large —, il y aura là un cas de déchéance. Cette déchéance s'étendra-t-elle aussi à l'assurance du risque locatif ? Les Compagnies le soutiennent et voici, par exemple, ce que dit à ce sujet M. Florian Desfrançois, directeur adjoint de la Compagnie l'Urbaine :

« L'Assuré déchu pour cause d'exagération, etc., ne peut invoquer la division entre les objets assurés. Cela veut dire, par exemple, que si le sinitre porte sur une maison, mobilier, marchandises, récoltes, etc., et si l'assuré a exagéré sciemment ses pertes sur l'un des trois derniers articles seulement, ou employé des moyens frauduleux à l'occasion de l'un d'eux, il n'aura droit à aucune indemnité, pas plus pour la maison que pour les autres parties de son assurance. »

S'il fallait en croire M. Florian Desfrançois, ce serait absolument logique. Le contrat est un ; s'il est vicié de son principe, il l'est nécessairement dans tous ses effets. Nous ne saurions admettre cette manière de voir : l'effet de la déchéance doit être limité à la classe des valeurs assurées sur laquelle a porté la fausse déclaration. Sans doute, les diverses assurances coexistent dans la même police ; mais elles restent cependant indépendantes et ne peuvent pas se vicier entre elles. Il ne faut pas confondre le contrat avec l'instrument qui le constate. Et les nullités ont été si multipliées par les Compagnies qu'il est équitable de les entendre le plus restrictivement possible.

Mesurons le chemin parcouru : nous savons maintenant sous quelles formes peut se présenter l'assurance du risque locatif et quelle est la plus avantageuse pour les particuliers ; nous savons aussi que les polices sont indivisibles. Reste à rechercher quelles sont les obligations des assurés d'une part, et des compagnies d'autre part.

B. — Le paiement des primes.

« Art. 5. — Les primes d'assurances, y compris les droits
« de timbre et d'enregistrement, sont payables comptant et
« d'avance, chaque année à Paris, au siège de la Compagnie,
« et dans les départements au bureau de l'Agence principale
« où la police a été souscrite.

« Celle de la première année se paye au moment de la
« signature de la police, quand l'assurance est à effet du
« lendemain. Dans tous les cas, il n'y a contrat d'assurance
« que lorsque l'assuré a payé un première prime à la Com-
« pagnie et qu'en échange celle-ci ou son représentant lui
« a fait signer et remis une police. L'effet de l'assurance ne
« commence jamais que le lendemain à midi. »

« Art. 6. — Les primes des années suivantes doivent
« être également payées comptant à chacun des termes fixés
« par la police. De convention expresse, la seule échéance
« de ce terme constitue l'assuré en demeure (art. 1139 du
« Code civil). Néanmoins, il est accordé à l'assuré un délai
« de grâce de quinze jours pour les acquitter ; à défaut de
« paiement dans ce délai, de l'une des primes échues et sans
« qu'il soit besoin d'aucune demande ou mise en demeure,
« l'effet de l'assurance reste suspendu ; l'assuré en cas de

« sinistre, n'a droit à aucune indemnité, et la Compagnie se
« réserve le droit de résilier la police au moyen d'une simple
« notification par lettre recommandée, ou d'en poursuivre
« judiciairement l'exécution. L'Assurance reste suspendue,
« même pendant les poursuites exercées par la Compagnie
« pour le recouvrement de la prime échue. Mais la police
« reprend son effet le lendemain à midi du jour où le paie-
« ment de la prime arriérée et des frais, s'il y a lieu, a été
« fait à la Compagnie et accepté par elle. Il est bien entendu
« que le paiement de la prime échue, effectué pendant ou
« après l'incendie, ne donne à l'assuré aucun droit à aucune
« indemnité. »

Observons d'abord qu'il n'y a rien de particulier à dire
sur le paiement des primes adhérentes aux risques locatifs :
il suit absolument les mêmes règles que celui de toutes les
autres. Dès lors nous n'insisterons pas beaucoup. Il est
cependant quelques difficultés qu'il est nécessaire de signaler,
si l'on veut être un peu complet.

Il arrive parfois que les agents des Compagnies remettent,
sans se faire payer d'abord, une police à un assuré.
Si un sinistre se produit dans ces conditions, la Compagnie devra-t-elle une indemnité ? Il ne le semble pas :
une assurance est, en effet, un contrat synallagmatique,
à titre onéreux. L'une des parties ne peut être tenue
de sa prestation que si l'autre exécute la sienne. C'est
le cas d'appliquer l'adage : donnant donnant. Les Tribunaux
jugent dans ce sens. En principe, c'est juste, mais en pratique
le serait-ce toujours ? Il est des cas où l'assuré à qui la

police a été ainsi remise, et qui a l'intention de payer à la première occasion, se croit en règle et à couvert. Sans doute, il pourrait s'éclairer en lisant les clauses de la police qu'il a en mains, mais parmi ceux qui s'assurent, nombreux sont ceux qui ne les lisent pas, même parmi les gens moyennement soucieux de leurs intérêts. Et quant à ceux qui les lisent, il en est qui ne les croient pas inflexibles. Par égard pour ces considérations, il nous paraîtrait préférable de décider que dans les circonstances ci-dessus, l'assuré pourrait, en cas de sinistre, se retourner contre la Compagnie, quitte pour celle-ci à récupérer l'indemnité sur son agent en faute, si elle le pouvait. Il est d'ailleurs fort rare que les agents des Compagnies donnent les polices avant le paiement de la première prime. Si la solution que nous avons indiquée prévalait cette pratique disparaîtrait sans doute complètement.

D'après les termes mêmes des polices, les primes sont payables au siège de la Compagnie ou au bureau de l'Agence où la police a été souscrite : elles sont donc *portables*, mais les Compagnies ont pris l'habitude pour se conformer aux convenances des assurés, de déroger à cette convention, en faisant présenter leurs quittances à domicile. Cet usage a été considéré par les tribunaux, comme l'abandon de la condition de *portabilité* des primes, lesquelles seraient devenues *quérables*.

Les Compagnies se sont vivement élevées contre une telle interpétation, et pour que des malentendus ne puissent se produire, ce qui, d'après les Tribunaux, devait fatalement arriver, elles ont souligné avec une netteté extrême dans leurs polices, le caractère de portabilité des primes. C'est ainsi que l'Urbaine a modifié de la façon qui suit, les articles ci-dessus rapportés : « Les primes des années suivantes doivent être « également payées comptant à chacun des termes fixés par « la police, ou à *Paris, au siège de la Compagnie, ou dans* « *les départements au bureau de l'Agence principale où la* « *police a été souscrite.* La seule échéance du terme constitue « l'assuré en demeure, sans qu'il soit besoin de lettre char- « gée ou d'acte extra-judiciaire pour l'y constituer, et ce « de convention expresse avec l'assuré *qui déclare dès à* « *présent, renoncer à se prévaloir* dans aucun cas, soit du « *défaut de mise en demeure, soit de l'usage où pourrait être* « *la Compagnie ou ses agents de faire réclamer officieuse-* « *ment, lors de leur échéance, les primes à domicile.* Il est, « en compensation, accordé à l'assuré pour acquitter les « dites primes des années suivantes, un délai de grâce de « quinze jours... »

En dépit de ce surcroît de précautions, les difficultés relatives à la portabilité ou à la quérabilité des primes n'ont point disparu, non plus d'ailleurs que celles relatives à la mise en demeure. Voici les solutions qui ont, semble-t-il, fini par triompher. De quatre arrêts rendus le même jour par la Cour de Cassation (29 juillet 1878), il résulte :

1° Que si une Compagnie d'assurances n'a pas, *par sa pratique vis-à-vis de l'assuré,* modifié les termes de la police qui portent que les primes sont payables d'avance, *au domicile de la Compagnie,* quinze jours au plus tard après l'échéance, le défaut de paiement de la prime entraîne d'une manière absolue la perte de tout droit à indemnité ;

2° Que si au contraire, la dite Compagnie envoie chercher les primes annuelles aux domiciles de ses assurés, les primes deviennent *quérables,* de *portables* qu'elles étaient, tout au moins quand cette façon de procéder de la Compagnie est assez générale et habituelle, ce qui est une question de fait ;

3° Que, dans ce cas, la mise en demeure de l'assuré et la perte de son droit à une indemnité, qui en est la suite, ne peuvent plus découler, soit de la présentation de la quittance, soit d'une lettre missive, soit même d'une citation en conciliation, adressée par le greffier de la justice de paix au débiteur. Quand la prime est devenue quérable (point que les juges du fait apprécient souverainement) rien ne peut remplacer une sommation faite par exploit d'huissier ou une assignation en justice.

En résumé, les polices des Compagnies disposent que les primes sont portables et non quérables. Mais ces dispositions, du fait même des Compagnies, restent à l'état de lettre morte, aussi longtemps qu'il n'y a pas de sinistre ; quand il en survient un, les Compagnies prétendent les « faire jouer ». Mais la jurisprudence s'y refuse à juste titre, croyons-nous ; la bonne foi de trop d'assurés serait surprise, s'il en était autrement. Heureux déjà, les créanciers qui réussissent à se faire payer en réclamant leur argent à leurs débiteurs, et en allant le chercher ! Il serait désirable que les Compagnies insèrent dans leurs polices des conditions conformes à la jurisprudence. Elles s'y refusent, parce qu'il ne leur convient pas, disent-elles, de reconnaître qu'un acte de pure complaisance de leur part, puisse créer un droit contre elles. Des prescriptions sans efficacité pratique ne sont guère de mise dans un contrat d'affaires, les Compagnies feraient preuve d'esprit sage et conciliant en les supprimant. Dans l'état normal actuel des relations entre créanciers et débiteurs, la quérabilité des primes se justifie toute seule — est une nécessité.

En même temps qu'il a des primes à payer, l'assuré a des déclarations à faire :

C. — **Les déclarations de l'assuré.**

« ART. 7. — La police d'assurance est rédigée d'après les
« déclarations de l'assuré. La Compagnie se borne à appli-
« quer, en raison de ces déclarations, les primes fixées par les
« tarifs. Aucune allégation ne peut donc après sinistre, être
« opposée de la part de l'assuré, outre ou contre les énoncia-
« tions de la police. L'assuré doit déclarer et faire mentionner
« sur sa police, sous peine de *n'avoir droit en cas d'incendie,*
« *à aucune indemnité,* si les objets lui appartiennent en
« totalité ou en partie, s'il est usufruitier, créancier, loca-
« taire, commissionnaire, administrateur, mandataire,
« acquéreur ou vendeur à réméré, et généralement en quelle
« qualité il agit ; si les bâtiments sont construits sur le terrain
« d'autrui, s'il sont contigus à des bâtiments couverts en
« bois, en chaume, en papiers ou tissus goudronnés, vernis
« ou bitumés, à une usine, fabrique ou théâtre ou à des
« établissements contenant des marchandises ou des produits
« d'une espèce dangereuse. »

Cet article a une portée tout à fait générale : il s'applique à toutes sortes d'assurances ; aussi n'y a-t-il pas lieu de le commenter ici en détail. Néammoins d'autres indications s'imposent. C'est sur les déclarations de l'assuré qu'est rédigée la police : « C'est l'assuré, écrit M. Florian Desfrançois, qui fournit les éléments du contrat d'assurances ; il a seul la responsabilité des déclarations et désignations donnant à l'assureur la notion et la mesure du risque proposé, et servant de base à l'application des primes. L'agent peut, à titre officieux, l'aider des conseils de son expérience, mais du moment qu'une déclaration est consignée dans la police, l'assuré l'a faite sienne. Si elle est fausse ou inexacte, il en subira les conséquences. »

Ne serait-il pas préférable, plutôt que de s'en tenir aux assertions de l'assuré, de faire une expertise amiable avant la rédaction de la police ? N'éviterait-on pas ainsi bien des difficultés lors du règlement des sinistres ? Pour ce qui est du risque locatif spécialement, le procédé aurait, croyons-nous, des avantages encore qu'il ne serait pas sans quelques inconvénients. Une expertise d'abord n'irait pas sans frais, lesquels seraient en définitive supportés par l'assuré. Et puis la valeur de choses, même celle des bâtiments, se modifie sans cesse. Il ne faut rien exagérer cependant : habituellement, les assurances sont contractées pour 10 ans ; sauf exceptions, les variations de valeur d'une maison ne seront pas très considérables dans cet espace de temps ; de telle sorte qu'une expertise préalable ne serait pas sans utilité.

« Toute réticence, poursuit la police (art. 12), toute fausse

« déclaration de la part de l'assuré, qui diminuerait l'opinion
« du risque ou en *changerait* le sujet, annule l'assurance.
« L'assurance est nulle même dans le cas où la réticence ou
« la fausse déclaration n'aurait pas influé sur le dommage ou
« la perte de l'objet assuré (Code de Commerce art. 348).
« L'assuré ne peut, dans aucun cas, exciper de la visite des
« lieux par l'agent. »

Le premier paragraphe de cet article, à savoir que toute
réticence, toute fausse déclaration de la part de l'assuré
*qui diminuerait l'opinion du risque ou en changerait le
sujet,* annule l'assurance, se justifie assez aisément pour
peu que l'on veuille bien se rappeler les principes sur lesquels
repose le contrat d'assurance. Dans ce contrat, chacune des
parties s'oblige, la Compagnie à payer une indemnité en
cas de sinistre, l'assuré à payer une prime. Mais cette prime
varie nécessairement avec le risque ; si bien qu'il est essentiel
pour ces Compagnies de le connaître avec exactitude, si elles
ont le souci de fonctionner en toute sécurité, d'éviter la ruine.

Ceci admis, ne pourrait-on pas soutenir que les polices
étant généralement faites sur les lieux par les agents, c'est la
faute de ceux-ci si les déclarations sont inexactes ou incom-
plètes, et que dès lors, les Compagnies doivent en supporter
les conséquences ? Le dernier paragraphe de l'article précité
va au-devant de cette objection, en disposant « que l'assuré ne
peut, dans aucun cas, exciper de la visite des lieux par
l'agent. » M. Florian Desfrançois, approuve cette disposition.
« L'agent n'a qualité que pour recevoir les déclarations de
l'assuré et fixer le taux des primes d'après ces déclarations.

La responsabilité de ces déclarations ne lui appartient pas et ne saurait lui appartenir. Qu'il ait le devoir, devoir tout officieux cependant, d'appeler l'attention de l'assuré sur les conséquences d'un défaut de sincérité ou d'exactitude, ce n'est pas contesté ; mais l'examen qu'il a fait des lieux ne change rien au devoir de l'assuré de déclarer la vérité, ni à son droit de vérifier si les déclarations de la police sont exactes. »

Dans la pratique, à la campagne surtout, les agents ont soin d'appeler l'attention des assurés sur les conséquences d'un défaut de sincérité ou d'exactitude, les encourageant à majorer leurs évaluations, leur laissant entrevoir un bénéfice en cas de sinistre, et trompant ainsi leur bonne foi, particulièrement quand, ne sachant pas lire, ils ne peuvent s'éclairer en parcourant la police. Arrive un sinistre qui détruise totalement les objets assurés ; l'assurance était de 100.000 fr. la Compagnie les versera-t-elle ? Il est peu d'assurés, dans les classes peu lettrées tout au moins, qui ne le croient. Et cependant il n'en sera souvent rien. « Les sommes assurées, les primes reçues, les désignations et évaluations contenues dans la police, ne peuvent être opposées ni invoquées par l'assuré comme une reconnaissance, une preuve, une présomption de l'existence ou de la valeur des objets assurés, soit au moment de l'assurance, soit au moment de l'incendie. »

Théoriquement, ceci se justifie assez bien ; s'il en était autrement, le principe que l'assurance ne doit jamais être une cause de bénéfice pour l'assuré, serait souvent violé, mais pratiquement, que d'abus ! Les agents des Compagnies n'ont pour la plupart qu'un but : faire le plus d'affaires possible. Et cela se conçoit, étant donné leur mode de rétribution. Ils ne posent que peu de questions pour ne pas ennuyer le client ; les choses marchent rondement, qu'un sinistre se produise, tout change.

Il est excessif de décider que, *dans aucun cas*, l'assuré ne peut exciper de la visite des lieux par l'agent. Il est, en effet, des choses dont ce dernier peut ne pas se rendre compte, si superficielle que soit sa visite. Il verra par exemple, forcément, si les bâtiments qu'il assure sont contigus à des bâtiments couverts en bois, en chaume, etc. Une règle générale et absolue ne peut être donnée ici ; il n'y a que des questions d'espèces. Assez généralement les Compagnies n'invoquent pas avec une âpreté farouche les déchéances résultant de réticences et de fausses déclarations, tout au moins quand les assurés ne sont pas d'une mauvaise foi évidente. Des transactions sont fréquentes alors ; on prend, par exemple, pour base de l'indemnité, le taux de prime payé par l'assuré, comparé à celui qu'il aurait payé, si l'aggravation de risque eût été déclarée, et l'on établit la proportion sur ces deux termes. C'est une solution que les Tribunaux devraient imposer, sauf le droit pour les Compagnies de prouver la mauvaise foi de l'assuré. Les agents procéderaient avec plus de soin à la confection des polices, sachant que dans certaines circonstances, ils pourraient être déclarés responsables de leurs vices ; leur attitude ne serait plus uniquement dictée par l'appât de la prime.

Beaucoup de Tribunaux appliquent trop à la lettre les déchéances résultant des réticences et fausses déclarations des assurés. Témoin ce jugement rendu le 2 juillet 1886 par le Tribunal civil de Lyon et confirmé en appel le 6 novembre 1888 :

« Attendu que, suivant police en date du 14 juin 1880,
« enregistrée, la Compagnie l'Urbaine a assuré les maisons,
« écurie et hangar de Lacombe, situés à Lyon, rue de Mar-
« seille, passage de la Roche, 14, ses recours de voisins et ses
« risques locatifs, jusqu'à concurrence de la somme de
« 30.000 fr., moyennant la prime annuelle de 18 fr. 05 ;

« Attendu qu'aux termes de la police, l'assuré doit déclarer
« notamment si les bâtiments assurés sont contigus à des
« établissements contenant des marchandises ou des produits
« d'une espèce dangereuse ;

« Que, avant d'établir dans les bâtiments une profession
« ou une manipulation quelconque augmentant surtout les
« dangers du feu, avant d'y introduire des marchandises ou
« objets autres que ceux compris dans l'assurance, l'assuré
« est tenu de le déclarer et de le faire mentionner dans sa
« police, et de payer, s'il y a lieu, une augmentation de
« prime ;

« Que faute de ces déclarations mentionnées dans la
« police ou sur un avenant, l'assuré n'a droit, en cas d'incen-
« die, à *aucune indemnité* ;

« Attendu que les bâtiments assurés étaient contigus à un
« chantier de bois ;

« Que Lacombe n'en a pas fait la déclaration à la Compa-

« gnie ; que, dans tous les cas, elle n'est pas mentionnée dans
« la police.

« Attendu en second lieu, que l'écurie assurée et qui
« était occupée par un camionneur au moment de l'assu-
« rance, a été louée à un coupeur de poils ; que Lacombe n'a
« pas fait non plus la déclaration de ce changement ;

« Attendu que le 25 juillet dernier un incendie a atteint
« les bâtiments assurés, que le feu a été communiqué par le
« chantier de bois avec lequel ils étaient contigus.

« Attendu que la Compagnie oppose à Lacombe les déché-
« ances encourues par lui...

« Attendu que, en ce qui touche la contiguité du chantier
« de bois, Lacombe soutient que la Compagnie l'Urbaine
« était en même temps son assureur et celui du chantier,
« qu'elle connaissait donc parfaitement les lieux...

« Attendu, en ce qui touche le défaut de déclaration de la
« location à un coupeur de poils, que Lacombe prétend que
« son industrie ne peut être considérée comme plus dange-
« reuse que celle de camionneur, et que les risques n'ont pas
« été aggravés ; que cela est si vrai que dans les tarifs de la
« Compagnie qui lui ont été communiqués, cette catégorie
« n'y figure pas...

« Attendu qu'une Compagnie d'Assurances est une per-
« sonne morale qui agit au moyen de nombreux agents ;
« que les contrats d'assurances sont rédigés sur la déclaration
« des parties, par un des agents qui ne sont pas toujours les
« mêmes, et à des dates différentes ; qu'on ne peut donc
« opposer à la Compagnie qu'étant à la fois l'assureur de

« Lacombe et du chantier, elle devait nécessairement et par
« le simple rapprochement des deux polices, connaître exac-
« tement la situation des bâtiments assurés ; que la Compa-
« gnie ne peut s'en tenir qu'aux énonciations du contrat qui
« fait la loi des parties, et qu'elle ne peut, pas plus que
« l'assuré, suppléer par des appréciations à la déclaration
« faite dans la police ou par un avenant ;

« Attendu que l'assurance est un contrat aléatoire de *droit
« étroit et que toutes les stipulations qui y sont insérées doi-
« vent être strictement observées.*

« Attendu que les articles de la police dont s'agit sont
« formels ; que l'assuré n'a pas à interpréter les déclarations
« qui lui sont imposées...

« Déclare que Lacombe a encouru les déchéances pré-
« vues... qu'en conséquence, la demande est mal fondée... »

Ce jugement s'appuie sur des considérants dont l'un nous
paraît d'une sévérité véritablement excessive, nous voulons
parler de celui qui décide que *toutes les stipulations insérées
dans les polices doivent être strictement observées sous peine
de déchéance* Il n'est presque pas de police qui sortirait son
effet, si une telle conception était appliquée dans toute sa
rigueur.

Il faut remarquer toutefois que la décision du Tribunal de
Lyon tranche un cas dans lequel les lieux n'avaient point été
visités par un agent de la Compagnie. Dans les conclusions
déposées au nom de l'Urbaine, il était observé que « *l'assurance avait été apportée directement* au bureau de la Compagnie l'Urbaine a Lyon par le régisseur de M. Lacombe ; *que*

l'agent n'ayant pas été sur les lieux, n'a pas été à même de constater la contiguité qui existait. » Il semblerait donc en raisonnant *a contrario*, que si une visite des lieux avait été faite par l'un de ses agents, l'Urbaine n'aurait pas opposé la déchéance résultant de la contiguité des bâtiments et d'un chantier à bois. Une telle contiguité est, en effet, l'une des choses que l'agent *doit* voir, si rapidement qu'il opère.

Notons encore, que même dans l'affaire Lacombe, l'Urbaine offrit *gracieusement* à son assuré une somme de 4.078 fr. 17, part proportionnelle aux primes perçues par elle et qu'ainsi l'équité fut sauvegardée ; la Compagnie fut moins dure que le Tribunal de Lyon.

Supposons maintenant qu'il y ait eu de la part de l'assuré fausse déclaration, ou réticence, mais que ni cette fausse déclaration, ni cette réticence n'aient influé sur le dommage ou la perte de l'objet assuré ; la déchéance sera-t-elle cependant encourue ? Il semblerait que non, puisqu'il est démontré qu'il n'y a pas de lien de causalité entre les deux choses, qu'il n'y a pas interdépendance entre elles. Et cependant les polices décident le contraire. Il y a déchéance alors même que la réticence ou la fausse déclaration n'a pas influé sur les dommages. « L'assuré, écrit M. Florian Desfrançois, ne pourrait valablement se prévaloir de ce que l'aggravation dissimulée ou introduite à l'insu de l'assureur est restée étrangère à la cause vraie de l'incendie. Il suffit qu'il y ait eu réticence ou dissimulation pour annuler les effets de l'assurance. »

Cette manière de voir a été adoptée par la Cour d'appel

de Lyon dans un arrêt rendu le 23 janvier 1895. L'un des attendu porte, en effet, « *qu'il n'y a pas lieu de rechercher si le fait constitutif de l'aggravation de risque, non déclaré par l'assuré, a pu voir ou non, une influence sur l'évènement du sinistre ; qu'il importe uniquement de savoir si l'opinion du risque a pu être modifiée.* » (affaire Bertrand dans le Nord).

Nous ne saurions nous ranger à cet avis : si l'assuré peut prouver qu'il n'y a aucune relation entre le sinistre et sa réticence et sa fausse déclaration, il ne devrait pas être frappé de déchéance : la pénalité est trop lourde surtout s'il est de bonne foi. Il est vrai que d'après la Cour de Lyon, *les déchéances prévues dans les polices sont des déchéances absolues, qui ne sont subordonnées ni à la bonne, ni à la mauvaise foi de l'assuré.* De tels jugements se défendent si l'on estime que les tribunaux n'ont d'autre rôle que de faire appliquer à la lettre les conventions des parties, quand elles sont formelles et claires, mais elles démontrent — étant donné le fonctionnement pratique des assurances — la nécessité d'une intervention du législateur dans la matière.

D. — Les Sinistres.

Il suffit presque de résumer ici les articles qui concernent cette partie de la police ; ils ne donnent pas lieu à de grosses difficultés, et d'autre part ils n'intéressent que d'une manière générale l'assurance du risque locatif :

« Aussitôt qu'un incendie se déclare, l'assuré doit em-

« ployer tous les moyens en son pouvoir pour en arrêter les
« progrès, sauver les objets assurés... l'assuré doit à l'ins-
« tant même, donner avis de l'évènement à l'agence où la
« police a été souscrite.

« Immédiatement après l'incendie, l'assuré doit, à ses
« frais, en faire la déclaration devant le juge de paix du
« canton ; cette déclaration indique... la nature et la valeur
« approximative des dommages... l'assuré est tenu de fournir
« dans le délai de quinzaine, l'état détaillé et estimatif cer-
« tifié par lui des objets détruits, avariés et sauvés. Si dans
« les quinze jours de l'incendie, à moins d'impossibilité
« constatée, l'assuré n'a pas transmis les pièces exigées par
« le présent article, il est déchu de tous ses droits contre la
« Compagnie. »

Toutes ces obligations se comprennent fort bien. Laisser
le feu consommer son œuvre, par cette unique raison que les
objets sont assurés, ce serait presque se mettre, a-t-on dit,
au niveau d'un incendiaire. Sur ce point, la pratique de
quelques Compagnies pourrait finir par ralentir le zèle des
sinistrés : les objets restants sont fréquemment estimés à
trop haut prix. Quant au délai de quinzaine dans lequel la
Compagnie doit être prévenue et diverses formalités remplies,
il n'est généralement pas dépassé, celui qui a subi un sinistre
étant toujours pressé de toucher l'indemnité qui doit lui
revenir. Il est d'une grande importance pour les Compagnies : « Elles peuvent prendre immédiatement des mesures
pour diminuer les suites et conséquences de l'incendie, se
fixer sur son origine, examiner si elles ont des recours à

exercer ou si elles y sont elles-mêmes exposées. Elles ont le plus grand intérêt à voir de suite la physionomie des lieux sinistrés, à en faire au besoin constater l'état, de façon à ce que les experts puissent opérer en connaissance de cause. » Certains constats peuvent avoir une importance considérable : il ne faut pas les rendre impossibles. La jurisprudence est fixée dans le sens de la validité de ce délai de quinzaine. Remarquons en passant, que l'état détaillé dont il est question ci-dessus n'est pas exigé pour les bâtiments. Il suffit d'indiquer le chiffre de la perte présumée.

Rappelons ici que le sinistré est tenu de justifier sa demande d'indemnité, et que s'il l'exagère de mauvaise foi, il encourt la déchéance. Cette prescription n'a guère d'intérêt quand il s'agit du risque locatif, pas plus d'ailleurs que la pénalité qui la sanctionne. Si le propriétaire attribue à son immeuble une valeur très supérieure à celle qu'il a réellement, les moyens de rectifier son évaluation ne feront pas défaut. L'intention assurément blâmable chez l'assuré de réaliser un bénéfice dans le règlement d'un sinistre, ne suffit pas à lui faire encourir la déchéance.

E. — Règlements et paiements des dommages

Cette partie de la police contient des dispositions spéciales à l'assurance du risque locatif : c'est pourquoi nous l'étudierons avec quelque détail. Observons d'abord que, suivant que les Compagnies assurent le propriétaire ou le locataire, elles peuvent avoir à bénéficier ou à souffrir des conséquences des art. 1733 et 1734. Ceci dit, voici le texte de l'article qui règle l'assurance du risque locatif :

« *L'assurance du risque locatif est basée sur la valeur* « *totale des bâtiments, lorsque ceux-ci sont occupés par un* « *seul locataire* et dans ce cas les dommages d'incendie se « règlent comme pour le propriétaire.

« *S'il y a plusieurs locataires, l'assurance du risque locatif* « *a pour base le chiffre du loyer.* Quand le locataire a fait « couvrir une somme égale à quinze fois au moins le montant « annuel de son loyer, la Compagnie répond, à sa place, du « dommage jusqu'à concurrence de la somme assurée. S'il « n'a fait assurer qu'une somme moindre, la Compagnie « répond seulement du dommage dans la proportion existant « entre la somme assurée et le montant de quinze années de « loyer. En aucun cas, l'assurance du risque locatif ne peut « avoir plus d'effet que n'en aurait celle de l'immeuble. »

Deux hypothèses doivent, en conséquence, être soigneusement distinguées :

1°. — *L'IMMEUBLE EST OCCUPÉ PAR UN LOCATAIRE UNIQUE.* — Dans ce cas, de quelles obligations sera tenu ce locataire ? Il n'est redevable vis-à-vis du propriétaire, que des dommages que celui-ci a réellement subis. Il ne peut pas, par exemple, avoir à payer un bâtiment neuf pour un bâtiment qui tombe en ruines. L'immeuble a coûté 200.000 fr., mais au moment de l'incendie il n'en vaut plus que 50.000 ; c'est 50.000 que le locataire devra verser.

Mais, dit-on, avec cette indemnité, le propriétaire ne pourra reconstruire sa maison : il sera obligé de mettre du sien. Sans doute, mais son actif ne sera-t-il pas augmenté dans la même proportion ? Sa maison reconstruite vaudra davantage que l'ancienne.

Pour fixer la valeur vénale d'un immeuble quand il vient d'être incendié, voici comment l'on procède, en pratique : on recherche l'époque de sa construction, les matériaux employés, l'usage qui en a été fait. Il est, en effet, clair qu'une maison louée bourgeoisement se détériore moins vite qu'un hôtel meublé. Il y a lieu de tenir compte d'un fait qui se produit assez souvent dans les villes : le déplacement du commerce et de la vie. Il est certain, par exemple, que les immeubles situés au Palais-Royal, ont de ce chef, subi des dépréciations énormes depuis 40 ans.

Mais le propriétaire n'est pas intégralement désintéressé quand il a touché la valeur vénale de son immeuble, il perd en effet, non seulement son immeuble, mais ses loyers pendant toute la durée de la reconstruction et de la relocation. De ce fait, il a droit à une indemnité. Restera-t-elle à la charge du locataire, même assuré ? Il n'en devrait point être ainsi, et c'est ce qu'avaient décidé les Tribunaux : « On vu a des propriétaires, écrit M. Florian Desfrançois, indemnisés complètement par leur propre assureur, demander aux Tribunaux et en obtenir un supplément d'indemnité, que l'assureur du recours locatif a dû payer, après avoir lui-même remboursé la totalité des dommages à l'assureur de l'immeuble. » Pour échapper à ces conséquences, les Compagnies ont inséré dans leurs Polices la clause que nous avons reproduite et qui est ainsi conçue : « En aucun cas, l'assurance du risque locatif ne peut avoir plus d'effet que n'en aurait celle de l'immeuble. » Ainsi, l'assureur du risque locatif ne devra jamais plus que l'assureur de la maison. Désormais le locataire, même assuré, est toujours à découvert vis-à-vis du propriétaire, puisqu'il n'est garanti par la Compagnie que jusqu'à concurrence de la somme qu'elle aura à lui payer si, au lieu d'être locataire de l'immeuble, il en était propriétaire et l'avait fait assurer, tandis que lui-même reste tenu de dommages-intérêts pour défaut de location ou de jouissance. Il y a là une anomalie et un danger qui appellent une réforme.

L'assurance du risque locatif est basée sur la valeur totale des bâtiments, lorsque ceux-ci sont occupés par un seul locataire. Supposons que le locataire n'ait pris qu'une *base moindre* ; il sera alors soumis à la *règle proportionnelle*, comme le serait le propriétaire lui-même, si celui-ci n'était pas non plus suffisamment assuré ; « s'il résulte de l'évaluation de gré à gré, ou de l'expertise, que la valeur des objets assurés par l'article atteint de la police était inférieure à la somme assurée, l'assuré n'a droit qu'au remboursement de la perte réelle et constatée. Si au contraire il est *reconnu que la valeur des dits objets excédait au moment de l'incendie la somme assurée, l'assuré est son propre assureur pour l'excédant, et il supporte en cette qualité, sa part de dommages au centime le franc.* »

En principe, c'est juste : les Compagnies ne peuvent

être tenues de payer l'indemnité que proportionnellement à la somme assurée, et par suite à la prime payée. L'assuré n'ayant payé qu'une *fraction* de la prime normale, n'a droit qu'à une *fraction* d'indemnité. Un exemple éclairera tout ceci mieux que de longs raisonnements : Une personne a assuré une maison pour 20.000 fr. Un incendie éclate. L'expertise se fait ; son résultat est que le jour du sinistre la maison valait 40.000 fr. et que « le sauvetage », c'est à savoir la partie subsistante de l'édifice, représente encore 20.000 fr. C'est donc 20.000 fr. qu'a perdus l'assuré. Est-ce 20.000 fr. qu'il touchera ? N'a-t-il pas fait garantir cette somme ? « Sans doute, a-t-on répondu, mais cette somme ne représentait que la moitié de la valeur de l'immeuble ; pour tout ce qui dépassait cette somme de 20.000 fr., le propriétaire était demeuré son propre assureur. Pourquoi l'incendie serait-il supposé avoir atteint par privilège, la moitié indivise que garantissait la Compagnie, et avoir épargné l'autre partie indivise dont le propriétaire avait, par l'insuffisance de son assurance, assumé les risques ? Rien ne serait plus illogique, plus inique qu'une telle supposition ; il est donc fatal que dans cette hypothèse, les deux assureurs conjoints, la Compagnie pour la valeur portée dans la police, le propriétaire pour l'excédent, se partagent proportionnellement le sauvetage et la perte. La perte pèse pour moitié sur chacun d'eux ; le sauvetage profite à chacun d'eux pour moitié, et le propriétaire qui n'a assuré que 20.000 fr., sur un édifice valant 40.000, qui a ainsi cru devoir payer une prime moitié moindre que s'il avait assuré l'édifice pour sa valeur totale, ne sera indemnisé que de moitié ; il ne touchera que 10.000 fr. pour une perte de 20.000. » Ainsi que l'écrit M. Desfrançois, que nous avons déjà eu l'occasion de citer plusieurs fois, « quand on assure une somme quelconque sur bâtiment, mobilier, marchandises, l'assurance porte sur l'ensemble et non sur une partie distincte, sur un tout et non sur une fraction. Si cette assurance ne couvre pas suffisamment, c'est-à-dire en totalité cet ensemble d'un risque, elle ne le couvre que proportionnellement. Dès lors, ne serait-il pas absurde de soutenir en cas d'incendie partiel, que le feu a atteint de préférence la part proportionnelle assurée, pour épargner celle qui ne l'est pas ? Le soutiendrait-on si l'autre partie était couverte par un deuxième assureur ? Non, certainement. Eh bien ! ce deuxième assureur, c'est l'assuré lui-même. Deux frères, deux associés, deux amis, ont mis dans une caisse commune, en pièces de monnaie semblables, l'un 15.000 fr., l'autre 10.000. Un voleur force la caisse et soustrait 5.000 fr. Lequel des deux déposants subira la perte ? Il est évident qu'ils y participeront tous deux : L'un pour 3/5 et l'autre pour 2/5. La solution peut-elle être autre, si c'est le feu qui fait l'œuvre du larron ? »

Une difficulté très particulière s'est produite en ce qui regarde la règle proportionnelle appliquée au risque locatif. D'après un arrêt rendu par la Cour d'Appel de Dijon. le 30 avril 1877 (*Journal des Assurances*, année 1878. page 183), le locataire qui occupe seul un bâtiment et qui d'accord avec son propriétaire, a assuré ses risques locatifs à la même Compagnie et *pour la même somme que ce dernier*, n'est pas complètement exonéré si la *valeur réelle du bâtiment est supérieure à celle indiquée par le propriétaire.* Le propriétaire qui reçoit de la Compagnie à titre d'indemnité, par suite de l'application de la règle proportionnelle, une somme moindre que la totalité du dommage, reste créancier de son locataire pour le montant de la différence entre le chiffre de la perte qu'il a éprouvée et celui du remboursement que lui a fait la Compagnie.

Cet arrêt de Dijon a longtemps fixé la jurisprudence, mais aujourd'hui son autorité est bien atteinte, pour ne pas dire détruite. Le 25 juin 1903, la 4e Chambre de la Cour de Paris s'est, en effet, et à juste titre croyons-nous, prononcée dans un sens tout différent : La Cour : « Considérant que « par acte notarié, du 5 juin 1897, Bonnet a pris en location, « pour une période de 30 années, moyennant un loyer annuel « de 2.250 fr., l'établissement industriel de la dame Fleury, « sis à Brionne (Eure) et assuré 45.000 fr. à la Compagnie « l'Urbaine...

« Attendu que la dame Fleury, voulant associer son loca- « taire à sa police, souscrivit, le 4 février 1898, un avenant « par lequel, moyennant une surprime annuelle de 1/4, « l'assureur consentit à relever Bonnet des risques locatifs « et à renoncer au recours à exercer contre lui en cas de « sinistre.

« Attendu que le 31 mars 1901 éclata un incendie qui « dévora en presque totalité l'immeuble assuré jusqu'à con- « currence de 45.000 francs.

« Considérant qu'une expertise amiable, à laquelle Bonnet
« demeura complètement étranger, eut lieu entre madame
« veuve Fleury et l'Urbaine ; que cette mesure fixa à
« 55.594 fr. 60 la valeur vénale de l'immeuble au moment
« du sinistre ; à 7.202 fr. 25 l'importance du sauvetage ;
« à 1.400 fr. les frais de déblais et de démolition, soit un
« dommage de 49.792 fr. 35...

« Considérant que l'insuffisance du risque assuré néces-
« site l'application de la règle proportionnelle et réduit la
« perte de l'Urbaine à la somme de 40.303 fr. 47 qui fut
« encaissée par madame veuve Fleury, sans intervention
« aucune de Bonnet.

« Considérant que, dans ces conditions de fait, madame
« veuve Fleury se prétendant créancière de 11.788 fr. 36,
« introduisit contre son locataire en vertu de l'art. 1733 du
« Code civil, une action en responsabilité, accueillie à tort
« en principe par les premier juges, qui prescrivirent une
« expertise à l'effet de déterminer le *quantum* de l'indemnité
« due par le locataire au propriétaire... »

« Considérant que les documents versés au procès démon-
« trent que, pas plus en 1894, lors de la souscription de la
« police, qu'en 1898, date à laquelle est intervenu, entre
« la veuve Fleury et l'Urbaine, l'avenant, la veuve Fleury
« n'a entendu demeurer son propre assureur pour une por-
« tion quelconque de son établissement industriel ; que la
« garantie proportionnelle, mesurée à l'importance respec-
« tive du risque assuré et de celui qui a été laissé en dehors
« de l'assurance, est uniquement imputable à l'insuffisance

7

« de ces déclarations, que, dans les circonstances de la cause,
« Bonnet n'avait pas à contrôler ; que madame veuve
« Fleury en contractant directement avec l'Urbaine pour le
« compte de Bonnet, et en payant la surprime annuelle d'un
« quart, soit 22 fr. 75 régulièrement remboursée par Bonnet,
« a voulu *affranchir son locataire de tous risques locatifs ;*

« Que cette volonté ressort encore avec évidence de l'accep-
« tation des évaluations d'experts amiables, du règlement de
« ses comptes avec l'Urbaine, sans le concours et la partici-
« pation de Bonnet ; qu'il serait par suite contraire aux
« *principes du droit et aux règles de l'équité de faire retomber*
« *sur Bonnet les conséquences de l'erreur commise par une*
« *appréciation inexacte de la valeur réelle de l'établissement*
« *industriel, que madame veuve Fleury possédait depuis de*
« *longues années et qu'elle avait elle-même exploité anté-*
« *rieurement... »*

Il ressort de cet arrêt que le propriétaire qui associe son
locataire à sa police d'assurance et le fait, moyennant une
surprime, relever par l'assureur de ses risques locatifs, ne
peut, en cas d'insuffisance de somme déclarée, réclamer
à ce locataire en vertu de l'article 1733 du Code civil, la
différence entre la somme à lui payée par la Compagnie
d'assurances et le montant réel des dommages. Le locataire n'a pas à contrôler l'évaluation faite par le propriétaire, lorsque cette évaluation est seulement erronée et
que le propriétaire n'a pas manifesté l'intention de rester
son propre assureur pour partie. Il est à souhaiter que la
jurisprudence se fixe définitivement dans ce sens.

En résumé, quand il n'y a qu'un seul locataire, la règle proportionnelle fonctionne, sauf le cas particulier que nous venons d'étudier, comme s'il s'agissait du propriétaire. Pour se soustraire à ces conséquences, il n'y a qu'un moyen : assurer la maison pour sa valeur ; encore, l'avons-nous vu, restera-t-il à découvert pour défaut de relocation.

II. — *PLUSIEURS LOCATAIRES*. — Supposons maintenant qu'il y ait plusieurs locataires, quelle est leur situation ? « S'il y a plusieurs locataires, l'assurance du risque locatif a pour base le *chiffre du loyer ; quand le locataire a fait courir une somme égale à quinze fois le montant annuel de son loyer, la Compagnie répond à sa place du dommage jusqu'à concurrence de la somme assurée.* S'il n'a fait assurer qu'une somme moindre, la Compagnie répond seulement du dommage dans la proportion existant entre la somme assurée et le montant de quinze années de loyer. »

Il semblerait, à la lecture — et combien d'assurés le croient de bonne foi ! — que cette évaluation de quinze fois le loyer est un *forfait* et que, en cas de sinistre, la Compagnie règlera intégralement le dommage. Il n'en est rien. L'interprétation qu'il faut donner à la clause ci-dessus est autre. « Plusieurs locataires, écrit M. Desfrançois, peuvent se trouver responsables. Il peut arriver que l'assureur de l'un d'eux n'ait à répondre que pour une somme inférieure à la valeur de l'immeuble même après une destruction complète. C'est en raison de *cette éventualité que le minimum à garantir sur risque locatif a été fixé à une somme égale à quinze fois la valeur du loyer annuel.* Ce n'est qu'au cas où ce minimum ne serait pas couvert, qu'il y aurait lieu de faire application de la règle proportionnelle. Si cette base de quinze années de loyer suffit pour écarter les désavantages de la règle proportionnelle, *ce n'est pas toujours une raison pour que le locataire prudent s'arrête à cette limite ; s'il est reconnu seul responsable, ou si ses colocataires, responsables comme lui sont insolvables, la totalité des dommages tomberait à sa charge* (1). *Or, si leur importance dépasse le chiffre représenté par quinze fois la valeur du loyer qu'il s'est contenté de faire courir, il est son propre assureur pour l'excédant.* Tout l'engage, *par conséquent, à dépasser cette limite,* surtout si ses colocataires sont peu nombreux, si leur solvabilité n'est pas notoire, s'il redoute *en un mot, l'éventualité d'avoir à répondre seul de la valeur totale de l'immeuble.* »

Un exemple rendra tout ceci sensible : un locataire paie 2.000 francs de loyer ; en vertu de la clause précitée il doit s'assurer pour 30.000 fr. Il le fait et se croit complètement garanti ; mais l'étage qu'il habite représente une valeur de 60.000 fr., il brûle : la moitié des dommages resteront à sa charge. Que serait-ce si tout l'immeuble brûlait et que

<hr>

(1) La solidarité qui mettait la part des insolvables à la charge des autres colocataires est supprimée par la loi du 5 janvier 1883. Mais, même depuis cette loi, la jurisprudence met les parts de ceux qui ont légalement pu s'exonérer, à la charge des autres locataires.

ses colocataires pussent prouver que le feu a pris dans son appartement ?

Il est vrai, a-t-on dit, que des mécomptes se produisent à raison de cette règle, mais si les locataires en voie d'assurances n'en saisissent pas la portée, ils n'ont qu'à se la faire expliquer. C'est leur droit, c'est leur devoir : ils n'y songent pas, parce qu'elle leur paraît claire. Et puis, quelles seraient les réponses des agents, lesquels n'ont guère qu'un but, nous l'avons déjà dit, faire le plus d'affaires possible.

De cette revue que nous venons de faire des conditions générales des polices — de celles surtout qui ont trait au risque locatif, — une conclusion se dégage bien nette : c'est qu'elles sont *essentiellement défensives* pour les Compagnies. Etant leur œuvre exclusive, elles ne peuvent point ne pas être rédigées au point de vue de leur intérêt propre. Les tribunaux essayent bien d'aboutir à des solutions équitables, quand des procès s'engagent devant eux : mais leur liberté d'interprétation n'est point entière ; ils sont liés par les textes, *lesquels font la loi des parties.* Ce principe, théoriquement, se défend bien, mais pratiquement il n'en est pas de même, si bien que, malgré que nous ne soyons pas partisan d'une trop fréquente intervention de l'Etat dans les rapports des particuliers entre eux, nous estimons qu'en matière d'assurance, le législateur aurait un rôle à jouer. Nous reviendrons sur ces idées dans notre conclusion. En l'état actuel des choses, étant donné les responsabilités écrasantes que les articles 1733 et 1734 mettent à la charge des locataires, étant donné les difficultés que soulèvent les Compagnies au jour d'un sinistre, le plus sage pour les assurés est de faire établir, par les soins d'un spécialiste autorisé, des polices absolument inattaquables.

BIBLIOGRAPHIE

Florian Desfrançois (Journal des Assurances) : *Commentaire des conditions générales de la police.*

Rouget : *De l'assurance du risque locatif.* Thèse pour le doctorat 1902.

De la Chapelle : Thèse pour le doctorat. Bordeaux 1898.

QUATRIÈME PARTIE

L'attribution de l'indemnité

Le siège de cette question est dans la loi du 19 février 1889, ainsi intitulée : loi relative à la restriction du privilège du bailleur d'un fond rural et à l'attribution des indemnités dues par suite d'assurances. Son titre même indique qu'elle a un objet d'ordre différent. Tandis que l'article 1er a pour but de restreindre le privilège du bailleur d'immeubles ruraux, les articles 2 et suivants s'occupent de l'attribution des indemnités d'assurances. Ce sont les seuls qui nous intéressent ici ; les voici dans leur teneur :

« Les indemnités dues par suite d'assurances contre
« l'incendie, contre la grêle, contre la mortalité des bes-
« tiaux ou les autres risques, sont attribuées, sans qu'il
« y ait besoin de délégation expresse aux créanciers pri-
« vilégiés ou hypothécaires suivant leur rang.

« Néanmoins, les paiements faits de bonne foi avant
« opposition sont valables (art. 2).

« Il en est de même des indemnités dues en cas de

« sinistre par le locataire ou par le voisin, par application
« des articles 1733 et 1382 du Code civil.

« En cas d'assurance du risque locatif ou du recours du
« voisin, l'assuré ou ses ayants droit ne pourront tou-.
« cher tout ou partie de l'indemnité sans que le pro-
« priétaire de l'objet loué, le voisin ou le tiers subrogé à
« leurs droits, aient été désintéressés des conséquences
« du sinistre » (art. 3).

C'est ce dernier article qui va retenir notre attention.
Mais, au préalable, il ne sera peut-être pas inutile de
donner quelques brèves indications sur l'historique de la
loi du 19 février 1889. « Son origine, écrivent MM. Darras
et Tarbouriech (1), doit être recherchée dans les diverses
tentatives qui, depuis longtemps déjà, furent faites pour
organiser en France le crédit agricole.

En 1879, une commission avait été nommée par le
ministre de l'agriculture en vue de rechercher les meilleurs moyens à employer pour atteindre au résultat cher-
ché. La proposition élaborée par cette commission fut
déposée en 1882; elle contenait un article 16 ainsi conçu :
« Tous les privilèges mobiliers s'exercent dans l'ordre de
leur classement, sur les indemnités dues par les Compagnies d'assurances contre l'incendie, contre la grêle,
contre la mortalité des bestiaux et les autres risques
agricoles. »

Le mot : *agricole* disparut après examen au Sénat, et

____

(1) Annales *de Droit Commercial*, décembre 1889, p. 241.

d'autres dispositions furent introduites au cours de la discussion. L'article 3, notamment : « Dans la séance du Sénat du 2 février 1888, écrit M. E. Pannier (1), M. Lenoël a fait remarquer une anomalie résultant de l'état actuel de la législation et de la jurisprudence. Les indemnités dues à raison d'une assurance de responsabilité tombent dans le patrimoine du responsable, et deviennent le gage de ses créanciers sans aucune préférence pour l'auteur du recours. Plus celui-ci perd par le sinistre, plus l'indemnité s'élève au profit de la masse créancière. Il en est résulté que la personne lésée, dont le recours seul met en mouvement l'obligation de garantie de l'assureur, a trouvé avantage à s'entendre directement avec ce dernier, et, moyennant un prix qui pouvait n'être nullement en rapport avec l'importance réelle du dommage, à renoncer à son action, dont l'exercice lui eût été moins profitable que l'abandon fait dans ces conditions. »

Il est nécessaire d'appuyer sur ces considérations. Un incendie éclatait, avant la loi de 1889 ; un locataire était reconnu responsable, mais il était assuré. A qui l'indemnité payée par la Compagnie bénéficiait-elle ? Tombait-elle dans le patrimoine du locataire, augmentant ainsi son actif au profit de tous ses créanciers, quels qu'ils fussent ? Était-elle au contraire réservée à celui d'entre eux qui se trouve lésé, c'est-à-dire le propriétaire ? Deux anciens arrêts de la Cour de Paris s'étaient

---

(1) *Attribution des Indemnités d'assurances*, 1889.

prononcés dans ce dernier sens (1). Sur quels motifs s'appuyaient-ils ? « Il en est un d'abord, lisons-nous dans MM. Darras et Tarbouriech, que nous ne donnons que pour mémoire, car il était loin d'être bon. On disait (arrêt de 1855) que le locataire a, en contractant l'assurance, stipulé dans l'intérêt du propriétaire. Cela est inadmissible : l'assuré a agi dans son propre intérêt et dans son intérêt exclusif. »

L'arrêt de 1837 accordait un privilège au propriétaire en raison de ce qu'une clause de la police autorisait l'assureur à reconstruire au lieu de payer une indemnité et que par suite, dans ce cas, l'indemnité représentait bien la chose assurée. Un autre arrêt de la cour de Bastia du 4 juillet 1866 (Bonneville de Marsangy, 2ᵉ partie, p. 317), donnait au propriétaire une action directe basée sur l'art. 1166. Cette solution, si l'on n'admet pas l'existence d'un privilège, n'aurait pas empêché les autres créanciers du locataire de venir en concours avec le propriétaire sur le montant de l'indemnité, puisque ce dernier n'aurait fait qu'exercer les droits de son débiteur, le locataire.

La décision la plus remarquable sur cette question est un jugement du tribunal civil de la Seine du 25 avril 1860, confirmé par arrêt de la Cour de Paris du 11 Mai 1866, (loc. cit., 2ᵐᵉ partie, page 248) :

« Attendre que l'assurance du risque locatif, par « laquelle l'assureur s'oblige, comme dans l'espèce, à

(1) Paris, 13 mai 1837 et 24 mars 1855.

« répondre à la place de l'assuré du dommage éprouvé
« par les bâtiments loués, constitue un contrat ayant pour
« effet, au moyen d'une véritable délégation, d'attribuer
« au propriétaire le droit d'agir directement contre
« l'assureur qui s'est substitué vis-à-vis de lui aux obli-
« gations de l'assuré :

« Que si, de ce que le propriétaire n'est pas partie au
« contrat d'assurance, on peut conclure que cette déléga-
« tion est imparfaite et révocable tant qu'il ne l'a pas
« acceptée expressément ou tacitement, il n'est pas moins
« certain qu'elle devient parfaite par son acceptation
« résultant de l'intention par lui manifestée de profiter
« de la délégation faite à son profit en agissant contre
« l'assureur en paiement du montant de l'assurance :

« Qu'il suit de là que la Compagnie d'Assurances
« Mutuelles du département de Seine-et-Marne subrogée
« aux droit de X... propriétaire de la maison incendiée, a
« pu exercer une action directe contre la Compagnie
« d'Assurances Générales, assureur du risque locatif,
« sans être tenue de s'adresser à Z... locataire assuré... »

Malgré cette décision, il semble bien que la jurisprudence se refusait alors d'une façon générale à accorder au
propriétaire une action directe ou un privilège. Pas
d'action directe possible, dirait-elle, pour le propriétaire,
puisqu'il n'est pas partie ou contrat qui lie le locataire et
l'assuré. Pas de privilège non plus, car il n'y a pas de
privilège sans texte, d'après le Code, et il n'existe nulle
part un texte parlant d'un tel privilège. Au surplus,

ajoutait-on. l'indemnité d'assurance ne représente pas la chose incendiée, mais la valeur accumulée des primes payées. Elle fait donc partie du patrimoine du locataire et comme telle est, au même titre que tous ses autres biens, le gage commun de tous ses créanciers. (1)

Il nous paraît, quant à nous, que le droit du propriétaire à l'intégralité de l'indemnité paraît nécessairement découler de l'analyse tant soit peu exacte et précise de l'assurance du risque locatif. « A la différence de l'assurance de réparation qui oblige la Compagnie à indemniser l'assuré des sinistres qui le frapperont lui-même. l'assurance de responsabilité a pour but de le décharger des conséquences pécuniaires éventuelles des fautes qu'il pourra commettre, soit dans l'exécution d'un contrat (art. 1733) ou en dehors de lien contractuel (1382). » Ceci posé, n'est-il pas absolument exact de dire avec un arrêt de cassation du 5 février 1878 que « l'assuré n'a pas, par le seul fait de l'incendie, contre l'assureur du risque locatif une action

(1) Bonneville de Marsangy :

Non privilège :	Cass. 20 décembre	1859	1ʳ partie p.		89
—	Cass. 31 —	1862	1ʳ —	—	99
—	C. Douai. 2 —	1869	2ᵉ —	—	375
—	C. Paris. 21 Août	1868	2ᵉ ±	—	357
—	Trib. Seine. 11 Juin	1874	3ᵉ —	—	189
Privilège	C. Paris. 13 Mars	1837	2ᵉ —	—	37
—	C. Paris. 30 Juin	1866	2ᵉ —	—	317
Action non directe :	Trib. Seine. 7 Mai	1872	3ᵉ —	—	162
—	— 6 Juillet	1865	3ᵉ —	—	117
—	— 5 Mai	1882	3ᵉ —	—	292
Action directe :	C. Paris. 11 —	1861	2ᵉ —	—	248
—	C. Bastia. 4 Juillet	1866	2ᵉ —	—	317

déjà née pour le contraindre à lui payer une somme représentative du dommage causé à l'immeuble assuré? » Le sinistre ne frappant pas le bien de l'assuré, celui-ci n'éprouve aucun préjudice direct dont il lui soit dû réparation. Le préjudice ne résultera que de l'action intentée contre lui par la partie lésée, le propriétaire. Si ce dernier se désiste, l'action du locataire contre la Compagnie sera éteinte... « La Compagnie s'engage à garantir son cocontractant contre le préjudice qui résulterait pour lui éventuellement de tel sinistre. *Si ce sinistre est la base d'une action intentée contre lui par la personne lésée.* »

Cette obligation de l'assureur, qu'elle en est la nature? C'est ici que surgissent les difficultés. Est-ce une obligation de donner? Est-ce une obligation de faire? D'après MM. Darras et Tarbouriech, c'est une obligation de faire. « L'assuré ne peut, tant qu'il n'a pas entièrement payé sa dette envers le propriétaire, réclamer une part quelconque de l'indemnité d'assurance ; il peut exiger seulement que la Compagnie paie aux mains du propriétaire, et ce n'est que faute par elle d'avoir fait ce paiement qu'il peut, ayant déboursé ses deniers, en obtenir le remboursement. Or, les créanciers de l'assuré ne peuvent avoir plus de droits que lui. Ils ne peuvent pas davantage exiger le paiement de la somme ; il ne dépend pas d'eux de transformer le caractère de l'obligation de l'assureur qui reste ce qu'elle était, une obligation de faire sur laquelle on ne peut ouvrir une contribution... » Et la preuve, pourrait-on ajouter, qu'il s'agit bien pour l'assureur d'une obligation de faire et non point de donner, c'est que, s'il le préfère, il peut reconstruire au lieu de payer. S'il procède ainsi, le bailleur seul profitera de l'assurance. Pourquoi n'en serait-il pas de même dans le cas contraire? La situation du propriétaire ne peut varier selon le bon plaisir de l'assureur.

Il résulte, semble-t-il, de ces diverses remarques, que le droit exclusif du propriétaire à l'indemnité du risque locatif se justifie très bien par le caractère même du contrat d'assurance de responsabilité. L'équité, d'ailleurs, paraît imposer une telle solution. « Qui éprouve un préjudice ? Dans notre hypothèse, c'est le propriétaire, à lui doit revenir l'indemnité, non aux créanciers de l'assuré qui feraient un bénéfice indû par suite du malheur d'un autre..... Une personne a 100.000 francs de dettes et pas un sou d'actif; logée dans un immeuble valant 100.000 francs, elle met le feu à cet immeuble ; la Compagnie qui a assuré son risque locatif paie 100.000 francs d'indemnité... Si ces 100.000 francs tombent dans l'actif de l'assuré, les créanciers qui n'auraient rien eu sur leur créance, vont toucher un dividende de 50 o/o et le propriétaire ne touchera que la moitié de son immeuble, alors que la Compagnie en a déboursé, à son intention, la totalité (1). »

On peut ajouter encore que c'est violer l'intention des parties que d'admettre une pareille résolution. Le locataire s'est assuré contre la responsabilité qu'il peut encourir

(1) Darras et Tarbouriech, *loc. cit.*

vis-à-vis du propriétaire ; la Compagnie d'assurance a déboursé somme intégrale pour cela. Or, si le propriétaire n'a touché qu'un dividende, il conserve ses droits de poursuite et le locataire, s'il revient à meilleure fortune sera contraint de payer une deuxième fois ce que la Compagnie d'assurance a déjà payée une première fois pour le même objet.

Une dernière considération, touchant l'orde public, tendant à faire rejeter cette solution est signalée dans la *Gazette des Tribunaux* (11 fév. 1880): « Un locataire embarrassé dans ses affaires, à la veille d'une déconfiture ou d'une déclaration de faillite, n'aurait qu'à incendier la maison habitée par lui ; ce serait un moyen de faire entrer dans son actif l'indemnité promise, de s'assurer un concordat, que la plupart des créanciers, heureux d'obtenir un dividende supérieur à celui qu'ils espéraient seraient inévitablement conduits à accorder. »

Un tel raisonnement paraît irréfutable à première vue ; à l'examiner de plus près il prête à quelques objections. Il n'est exact que si l'on admet, ainsi qu'il est juste d'ailleurs, croyons-nous, que l'indemnité d'assurance représente la chose assurée, qu'elle n'est que « l'immeuble transformé. » Beaucoup d'auteurs rejettent cette manière de voir : d'après eux, l'action qui appartient à l'assuré contre l'assureur a pour objet non pas de réparer le préjudice causé par la perte de l'immeuble, mais de couvrir son titulaire de la responsabilité qu'il peut encourir. Il ne saurait, par suite, y avoir substitution à l'immeuble de l'indemnité, qui n'est que la *contrepartie des primes prélevées, sur l'ensemble du patrimoine de l'assuré*. On verra que, avant la loi de 1889, la jurisprudence avait fini par se ranger à cet avis.

D'autres arguments avaient encore été produits dans le dessein de faire attribuer directement et intégralement l'indemnité au propriétaire de l'immeuble incendié. L'art. 1303 du Code civil avait notamment été invoqué ; il impose en effet au débiteur la cession des droits et indemnités existants par rapport à la chose due, mais c'était là faire une fausse application, semble-t-il, de l'article précité. Si l'assureur doit, c'est à raison de son contrat et non à raison de l'incendié. L'incendie ne joue qu'un rôle essentiel, il est vrai, celui de condition suspensive.

L'article 2102 du Code civil avait également été appelé à contribution : il dispose que « le bailleur a un privilège pour tout ce qui concerne l'exécution du bail ». Or, prétendait-on, l'indemnité d'assurance n'est due que parce que, en définitive, il y a eu faute dans l'exécution du bail, ou tout au moins présomption de faute ; comme telle, elle appartient au bailleur, par privilège. C'était donner à l'article 2102 une portée qu'il n'a point : le privilège qu'il consacre n'existe que sur le prix des meubles qui garnissent les lieux loués. Il n'est point applicable à l'indemnité d'assurance.

Si la thèse de l'existence d'un privilège en faveur du propriétaire ne pouvait s'appuyer sur un texte positif, du moins trouvait-elle une base juridique dans les principes généraux du droit ? « M. Labbé l'a pensé, écrivent MM. Darras et Tarbouriech, et il a prétendu faire à cette question l'application d'une théorie générale qui, d'après lui, rayonnerait sur tout le droit, nous voulons dire la théorie des privilèges sur les créances. M. Labbé fait remarquer que les créances ne répugnent pas en elles-mêmes à un privilège et il pose ce principe que l' « *on a privilège sur une créance dont on a fourni à ses dépens les conditions d'existence* » (1).

Dans cette notion générale figuraient évidemment les indemnités de risque locatif. Voici comment l'éminent professeur s'exprimait à cet égard : « Le propriétaire lésé est fondé à dire aux autres créanciers : sans le dommage que j'éprouve et la créance qui en résulte, l'assureur ne devrait pas l'indemnité litigieuse. C'est donc à raison d'une perte que je subis, que notre débiteur commun est créancier du montant de l'assurance. Si vous prenez part égale dans cette somme, vous serez injustement enrichis à mon préjudice. » Bref, l'assuré n'est créancier de l'assureur que parce qu'il est débiteur du propriétaire. Celui-ci a donc un droit exclusif à l'indemnité, qui n'est due à l'assuré que parce que l'assuré la lui doit.

Cette théorie de M. Labbé repose sur des considérations d'une équité peu contestable, croyons-nous ; mais la lettre du code ne lui est point favorable, et la plupart des auteurs se refusaient à admettre des privilèges

(1) Labbé. *Revue critique* 1876 p. 571.

8

qui ne s'appuyaient sur aucun texte : d'où son échec, tant et si bien qu'en dépit de tous les arguments ci-dessus produits, la jurisprudence s'était, avant 1889, fixée dans ce sens que l'indemnité d'assurance devait tomber dans le patrimoine de l'assuré pour être répartie entre tous ses créanciers, y compris le propriétaire lésé, au prorata de leurs créances. Voici comment elle raisonnait : comme tous les autres biens de l'assuré, l'indemnité d'assurance est le gage commun de ses créanciers ; elle se distribue entre eux par voie de contribution. Pour faire échec à la règle du dividende, le propriétaire devrait établir qu'il existe à son profit un privilège : la loi lui en accorde un sur le mobilier garnissant les lieux loués, mais il n'en a aucun sur les deniers de son débiteur. Sans doute, il peut exercer contre la Compagnie les actions de celui-ci, mais armé uniquement de l'article 1166 du Code civil, il ne peut se soustraire au concours des autres créanciers.

De tels résultats étaient regrettables ; mais il faut dire que, dans la pratique, ils se produisaient rarement ; divers moyens existaient d'empêcher l'application du principe de l'égalité des créanciers. Deux hypothèses pouvaient se présenter : ou bien le propriétaire était lui-même assuré, ou bien il ne l'était pas :

Dans le premier cas, il était désintéressé par son assureur ; peu lui importait dès lors la loi du concours des divers créanciers de son locataire sur l'indemnité due à ce dernier pour risques locatifs. Elle ne jouait pas contre lui, mais elle jouait contre l'assureur qui voulait exercer son recours. C'est pourquoi les compagnies recoururent au procédé suivant : l'assureur du risque locatif n'étant tenu de payer l'indemnité qu'autant que son assuré y avait été lui-même contraint, la compagnie subrogée s'entendait avec celle qui avait garanti les risques locatifs pour se faire payer directement l'indemnité due. L'assureur du risque locatif s'engageait à en verser l'indemnité entre les mains de l'assureur subrogé, en même temps que celui-ci renonçait à exercer son action contre les tiers responsables, en l'espèce le locataire.

Dans le deuxième cas, c'est-à-dire lorsque le propriétaire n'était point assuré, il prenait les devants et s'entendait avec la compagnie qui avait assuré son locataire ; survenait une transaction avatageuse aux deux parties en cause : « En effet, d'une part la Compagnie pouvait n'offrir qu'une partie de la somme due par son assuré et que celui-ci avait le droit de lui réclamer dans son intégralité ; d'autre part, le propriétaire acceptait cette offre en apparence insuffisante, si elle était supérieure au dividende à obtenir dans la faillite ou la déconfiture de son débiteur direct, le locataire. Seuls, les créanciers éprouvaient un préjudice. Pouvaient-ils s'en plaindre et agir contre la Compagnie et lui demander une part quelconque de la somme arrêtée par la transaction dont nous venons de parler ? Nullement, disait la jurisprudence. En effet, l'assurance du risque locatif a pour effet d'obliger l'assureur à indemniser le locataire de la responsabilité mise à sa charge part l'article 1733 du Code Civil. Ceci posé, si le propriétaire se désiste de tous ses droits contre le locataire, celui-ci perd par cela même tout recours en garantie contre l'assureur, puisqu'il cesse d'être exposé à l'action contre laquelle il voulait se protéger, puisque, selon l'expression d'un arrêt, l'éventualité du risque assuré disparaît » (1).

Un autre procédé était également usité pour éviter la loi du concours des divers créanciers : les propriétaires prirent l'habitude de se faire céder par leurs locataires l'action appartenant à ceux-ci contre leur assureur. Dans les baux, la clause devint de style. Si le locataire était reconnu coupable, le propriétaire cessionnaire exerçait contre l'assureur le recours en garantie appartenant à l'assuré et obtenait le bénéfice exclusif de l'indemnité, mais cette solution avait pour le propriétaire un grave inconvénient. C'est que la clause insérée dans le bail pouvait être rendue vaine par la résiliation de l'assurance.

Résumons-nous : théoriquement, avant la loi de 1889, au lieu de servir à réparer les conséquences du sinistre, l'indemnité était le gage des créanciers du locata...., dont la situation pouvait ainsi être rendue meilleure par la faute imputable à leur débiteur. Le propriétaire était primé par les cessionnaires de l'indemnité, ou s'il n'y avait pas de cession il venait en concours et au marc le franc avec tous les créanciers existants. *Pratiquement*, des expédients

(1) Darras et Tarbouriech, *loc. cit.*

avaient été imaginés, lesquels empêchaient le plus souvent les inconvénients et les injustices ci-dessus rappelés de se réaliser ; mais il arrivait que ces expédients demeuraient quelquefois en défaut.

Il était, en conséquence, désirable que l'état de choses changeât *légalement :* d'où l'intervention du Parlement en 1889. Le législateur a alors décidé que le propriétaire bénéficierait seul de l'indemnité d'assurance. Il n'est pas inutile de citer à nouveau la partie du texte qui nous inté-resse spécialement :

« En cas d'assurance du risque locatif ou des recours du voisin, l'assuré ou ses ayants droit ne pourront toucher tout ou partie de l'indemnité sans que le propriétaire de l'objet loué, le voisin ou le tiers subrogé à leurs droits aient été désintéressés des conséquences du sinistre. » (art. 3, § 2).

Le principe est bien posé : mais des difficultés subsistent cependant. Et d'abord quelles sont les indemnités dont le paiement est arrêté par l'effet de cette disposition ? Sans aucun doute les indemnités dues à l'occasion de la réali-sation des risques locatifs et de voisinage. Voici ce qu'écrit à ce sujet l'un des meilleurs commentateurs de la loi de 1889, M. Ernest Pannier « Les indemnités dont le paiement est arrêté au profit de certains créanciers sont celles qui résultent, d'une part, de l'assurance du risque locatif, dans les conditions de responsabilité prévues par l'article 1733 du C. C. et d'autre part de l'assurance du recours du voisin dans les conditions de responsabilité prévues par l'article 1382 du Code Civil. » Il semblerait, à la lecture du texte, que cette interprétation s'impose. Et cependant les tribunaux ne l'ont pas tous adoptée.

Nous avons vu dans le chapitre précédent que, le plus souvent, le locataire s'assure, non pas seulement contre les risques locatifs, mais aussi contre les risques connexes qu'il court. Nous avons vu également que, même assuré, le locataire, s'il survient un sinistre, reste la plupart du temps débiteur du propriétaire. l'assureur ne payant que la valeur de l'immeuble détruit et non point le montant du préjudice résultant de la résiliation des baux, lequel demeure à la charge du locataire. L'indemnité d'assurance du risque locatif étant insuffisante pour désintéresser le propriétaire, celui-ci a-t-il un privilège sur les autres indemnités qui peuvent être dues au locataire — notamment pour l'assurance de son mobilier? Le paragraphe 2 de l'article 3 que nous analysons a été tour à tour invoqué dans le sens de l'*affirmative* et dans le sens de *la négative*.

Dans la première opinion, le raisonnement est ainsi présenté : le locataire ne peut toucher « *tout ou partie* de l'indemnité, sans que le propriétaire ait été désintéressé »; cette expression, tout ou partie ne peut s'appliquer uniquement à l'indemnité des risques locatifs. En effet, l'indemnité des risques locatifs n'est jamais que le minimum de ce qui peut être dû au propriétaire, puisqu'elle ne représente que les dommages matériels immédiats provenant du sinistre. Le propriétaire la touche donc forcément dans son *intégralité*. Dans aucun cas, le locataire ne peut y avoir de droit. L'expression *tout* ou *partie* implique que le paragraphe 2 de l'article 3 comprend d'autres indemnités que celle du risque locatif. Il signifie que, *tant que le propriétaire n'aura pas été dédommagé intégralement des conséquences médiates ou immédiates du sinistre, le locataire sera primé par lui sur toutes les indemnités qui pourraient lui revenir par suite du même incendie.*

Un jugement a été rendu dans ce sens par le Tribunal de Lyon, le 25 février 1892. Le 30 juillet 1894, le Tribunal d'Angoulême se prononçait dans un sens absolument contraire; d'après lui, le paragraphe 2 de l'article 3 était limitatif; il ne s'appliquait qu'aux indemnités de risques locatifs et de voisinage. Bien plus, son but était de restreindre la portée de l'article 2 ainsi conçu : « les indemnités dues par suite d'assurances contre l'in-« cendie, contre la grêle, contre la mortalité des bestiaux « ou les autres risques, sont attribués sans qu'il soit besoin « de délégation expresse aux créanciers, privilégiés ou « hypothécaires, suivant leur rang. »

Nous estimons que ni l'interprétation du Tribunal de Lyon, ni celle du Tribunal d'Angoulême ne sont exactes. D'après nous, le paragraphe 2 de l'article 3 *ne s'occupe que des indemnités de risques locatifs et de voisinage; il est étranger à toutes les autres, le sort de ces dernières étant déjà réglé par l'article 2 et par l'article 3, 1er alinéa.* Si l'on veut bien, en effet, se rappeler que l'article 2102 du

Code civil accorde au bailleur *un privilège sur le mobilier garnissant les lieux loués*, l'on reconnaîtra qu'il n'a pas à recourir pour la défense de ses droits à l'article 3, paragraphe 2; l'article 2, décidant que l'indemnité due par la Compagnie d'assurances doit être attribuée de plein droit aux *créanciers privilégiés* lui suffit.

Quant à l'argument tiré de l'expression *tout* ou *partie*, il est peu sérieux. Supposons, en effet, que le propriétaire ait déjà été partiellement désintéressé des deniers propres du locataire. Il ne pourra plus prétendre à la *totalité* de l'indemnité d'assurance, mais seulement à une *partie*. C'est donc à tort que le Tribunal de Lyon a englobé, dans le paragraphe 2 de l'article 3, les indemnités autres que celles de risques locatifs et de voisinage. Mais, c'est également à tort que le Tribunal d'Angoulême a pensé que ledit paragraphe faisait échec dans les relations du propriétaire et du locataire à l'application des articles 2 et 3, 1ᵉʳ alinéa. L'arrêt suivant de la Cour de Bordeaux, en date du 24 décembre 1895, nous paraît donner l'interprétation vraie et devoir fixer la jurisprudence :

La Cour, « attendu que la loi du 19 février 1889, sous « les restrictions apportées par son article 1ᵉʳ, *a eu pour* « *effet d'étendre, en cas d'incendie des objets mobiliers* « *garnissant l'immeuble loué, le privilège de l'article 2102* « *du Code civil au profit du propriétaire ou de ses ayants* « *droit, à l'indemnité due par l'assureur;*

« Que, dès lors, *la circonstance que le locataire a ou n'a*

« *pas assuré ses risques locatifs, ne peut modifier le*
« *caractère du privilège que le bailleur conserve*, soit
« sur le mobilier, tant qu'il existe en nature, soit sur l'in-
« demnité qui le représente en cas d'incendie;

« Que la loi du 19 février 1889, dans son esprit comme
« dans son texte, a voulu précisément maintenir le droit
« de préférence, au profit des créanciers privilégiés ou
« hypothécaires, sur les indemnités de toute nature repré
« sentant le montant des assurances contractées par leur
« débiteur;

« Attendu que le deuxième paragraphe de l'article 3, *loin*
« *de restreindre la portée de l'article 2, comme l'ont pensé*
« *les premiers juges, n'a eu d'autre but que d'empêcher les*
« *locataires qui se sont fait assurer contre les risques*
« *locatifs, de toucher l'indemnité avant d'avoir justifié*
« *qu'ils ont désintéressé le propriétaire incendié ou les*
« *tiers qui auraient été subrogés à ses droits*;

« Que c'est l'application de ce principe essentiel du
« contrat d'assurance, qui est un contrat d'indemnité, ne
« pouvant jamais procurer un enrichissement ou un
« bénéfice;

« Attendu, enfin, que ce n'est pas sérieusement que la
« Compagnie " la Charente " soutient que le privilège du
« propriétaire ne pourrait, dans tous les cas, s'étendre à
« l'indemnité due pour pertes de marchandises; qu'il
« suffit que les marchandises du locataire soient entrées
« dans l'immeuble du bailleur, pour qu'elles deviennent,
« comme tout autre meuble, le gage de ce dernier.

« Qu'il convient donc de réformer la décision des
« premiers juges et de décider que la Compagnie " la
« Mutuelle de Poitiers " est privilégiée, à concurrence de
« 2.909 fr. 86 et des intérêts légitimes sur l'*intégralité* des
« sommes dues par la Compagnie " la Charente " au sieur
« Marchadier, tant pour les *risques locatifs* que pour
« *pertes des marchandises et du mobilier*, à raison du
« sinistre... »(1).

La même Cour de Bordeaux, plus récemment encore
(30 Janvier 1899) a rendu un nouvel arrêt plus catégo-
rique encore, s'il se peut. En voici les parties essentielles :

La Cour, « Attendu que Lachaise, locataire d'une maison
« appartenant au sieur Course, a été, par un jugement du
« Tribunal de Bergerac passé en force de chose jugée,
« déclaré responsable de l'incendie qui, le 29 Décembre
« 1896 a détruit cette maison ;

« Qu'il avait contracté vis-à-vis de la " Commerciale "
« une double assurance, l'une relative à son mobilier,
« l'autre relative au risque locatif ;

« Attendu que le *montant de cette dernière étant insuf-*
« *fisant pour désintéresser Course*, le " Soleil " conces-
« sionnaires des droits de celui-ci, a formé entre les mains
« de la " Commerciale " sur une somme de 2,364.04 *repré-*
« *sentant l'indemnité afférente au mobilier*, une opposi-
« tion dans le bénéfice de laquelle il demande à être main-
« tenu : que l'unique question, dont la cour est saisie est

(1) *Journal des Assurances*, 1896, p. 132.

« celle de savoir si cette opposition est régulière et valable ;

« Attendu que l'article 2.102 du Code Civil attribue au
« bailleur un privilège sur les meubles, garnissant les
« lieux loués en garantie non seulement des loyers, mais
« aussi des réparations locatives et de tout ce qui con-
« cerne l'exécution du bail ; que cette *dernière disposi-*
« *tion comprend*, suivant une jurisprudence nettement
« établie, *les dommages-intérêts accordés au bailleur*
« *pour résolution et précisément ceux dus par le loca-*
« *taire reconnu, aux termes de l'art. 1733 responsable*
« *d'un incendie*, qu'en effet, sa responsabilité de ce
« chef découle d'un manquement à l'obligation qui est
« imposée par son contrat de restituer l'immeuble dans
« l'état où il l'a reçu ;

« Attendu que ledit privilège, limité aux meubles ou à
« leur prix, par l'article 2102, *a été entendu par l'ar-*
« *ticle 2 de la loi du 19 février 1889*, à l'indemnité
« d'assurance qui en est la représentation ;

« Que vainement Lachaize soutient que cet article 2 ne
« serait que le prolongement de l'article 1 relatif ux
« biens ruraux et ne bénéficierait qu'aux propriétaires
« de ces sortes de fonds ; *qu'il suffit de se reporter aux*
« *travaux préparatoires de la loi pour se convaincre*
« *qu'elle n'établit aucune distinction entre les diverses*
« *espèces d'immeubles ;* que le texte lui-même, par son
« caractère général, exclut toute restriction surtout si on
« le rapproche de l'article 3, relatif au risque locatif, et
« au recours du voisin ;

« *Qu'on ne s'expliquerait pas comment le législateur*
« *laisserait inefficace le privilège de l'article 2.102, au*
« *moment même où, trouvant cette garantie insuffisante,*
« *il crée, au profit des créanciers et des propriétaires de*
« *tous fonds, un privilège nouveau....*

« Attendu en conséquence, *que c'est à tort que les*
« *juges ont décidé que l'indemnité mobilière* qui fait
« l'objet de ce litige, *serait versée à Lachaise....* Par ces
« motifs, réforme le jugement du Tribunal civil de
« Bergerac... » (1).

Il résulte de ces arrêts que: soit à raison de l'article 2 et
de l'article 3, paragraphe 1, soit à raison de l'article 3,
paragraphe 2, le locataire ne peut rien toucher des indemnités d'assurances qui lui sont dues tant que le propriétaire n'a pas été pleinement désintéressé. Ceci est d'ailleurs tout à fait dans l'esprit de la loi, tel que la définis-
sait au Sénat l'un des ses principaux auteurs, M. Lacombe :

« L'article 2 déjà voté tend à établir la substition à l'objet
assuré de l'indemnité due en cas de sinistre au point de
vue de l'exercice du droit des créanciers privilégiés ou
hypothécaires. Me plaçant dans cet ordre d'idées, j'ai
fait remarquer à la commission qu'elle n'avait résolu qu'en
partie la difficulté, qu'il y avait des indemnités tout à
fait du même ordre que les indemnités dues en cas de
sinistres par les créanciers d'assurances et que la substitution des droits du créancier priviligié ou hypothécaire

____

(1) Journal des Assurances 1899 p. 477.

devrait être applicable à ces indemnités aussi bien qu'à celles qu'aurait pu devoir une Compagnie d'assurances.

En effet, si l'immeuble est assuré, l'on trouve juste que l'indemnité à la suite du sinistre, soit désormais dévolue hypothécairement aux créanciers : mais si l'immeuble non assuré est entre les mains d'un locataire responsable de l'incendie, d'après les dispositions de l'article 1733 du C.C. l'indemnité due par le locataire en vertu de la responsabilité qui lui incombe a évidement le même caractère vis-à-vis du propriétaire et de ses créanciers que celle que devrait en cas de sinistre la Compagnie d'assurances. Si l'une de ces indemnités doit être distribuée entre les créanciers privilégiés et hypothécaires suivant leur rang, au lieu de grossir la masse chirographaire on ne voit pas pourquoi il n'en serait pas de même de l'autre ..

Le deuxième paragraphe de l'article 3 est relatif au cas d'assurance consentie par le locataire ou par le voisin de leurs risques respectifs. Jusqu'à présent, l'indemnité due en cas de sinistre, à la suite de l'assurance des risques locatifs, ou du recours du voisin, n'est pas dévolue d'une manière spéciale au propriétaire dont l'immeuble a été incendié.... Il y a là une situation anomale, à laquelle mon article a pour but de remédier. Il dispose qu'en cas d'assurance du risque locatif ou contre le recours du voisin, l'indemnité ne pourra être perçue soit par le locataire, soit par le voisin, soit par leurs ayants droit, c'est-à-dire par leurs créanciers cessionnaires, qu'après que le propriétaire ou le voisin auront été désintéressés des conséquences du sinistre.

Cette disposition vient donc encore compléter le système adopté par la Commission et par le Sénat dans l'article 2. Il s'agit toujours de la substitution de l'indemnité à l'objet détruit par le sinistre, pour l'exercice des droits du propriétaire et de ses créanciers hypothécaires ou privilégiés. »

Dans le paragraphe 2 de l'article 3 que nous commentons et qu'il est nécessaire d'avoir sans cesse sous les yeux, si l'on veut suivre nos explications, il est dit que : « En cas d'assurance du risque locatif, ou du recours du voisin, l'assuré ou ses ayants droit ne pourront toucher tout ou partie de l'indemnité sans que le propriétaire de l'objet loué, le voisin ou le tiers subrogé à leurs droits, aient été désintéressés des conséquences du sinistre. » Nous savons ce qu'est le propriétaire et ce qu'est le voisin; mais que faut-il entendre le « tiers subrogé à leurs droits? » Il faut entendre, par cette expression, écrit M. E. Pannier, toute personne qui, par l'effet d'un transport (C. C. art. 1689) d'une novation (C. C. art. 1271, 3°) ou d'une subrogation (C. C. art. 1249) se trouve substituée au voisin ou au locateur lésés, dans l'exercice de leur recours » (1).

En fait, les tiers-subrogés sont surtout les assureurs des propriétaires et des voisins. Dans toutes les polices, il y

____

(1) Pannier, loc. cit.

a, en effet, une clause du genre de celle-ci : « Par le seul fait de la présente police, et sans qu'il soit besoin d'aucune autre cession, transport, titre ou mandat, la Compagnie est subrogée dans tous les droits, recours et action de l'assuré, contre toutes personnes garantes ou responsables du sinistre, à quelque titre et pour quelque cause que ce soit, et même contre les assureurs, s'il y a lieu. L'assuré consent expressément à cette subrogation, et il sera tenu, s'il en est requis lors du paiement de l'indemnité, de la réitérer dans sa quittance, par acte notarié ou sous signature privée ».

Sur ce point, pas de difficulté; l'assureur viendra au même titre que son ayant cause sur l'indemnité due par l'assureur du responsable; mais les créanciers qui auraient eu un privilège ou une hypothèque sur le propriétaire sinistré figurent-ils parmi les tiers-subrogés? La question est controversée; d'après M. E. Pannier, il ne s'agit point d'eux dans le présent alinéa. Leur situation a été réglée dans l'article 2, ainsi que dans le premier alinéa de l'article 3. L'attribution qui leur est accordée par ces dispositions frappe les indemnités représentant la chose grevée, de leur hypothèque ou de leur privilège. Or, une responsabilité de voisin ou une responsabilité locative ne sont pas des choses grevées de privilège ou d'hypothèque et ce sont ces responsabilités qui forment la matière des indemnités dont il est ici question (1). On a répondu que

____

(1) Pannier loc. cital.

si cette objection devait être admise, elle pourrait l'être
aussi bien contre le paragraphe 1er de ce même article 3.
Ce paragraphe 1er attribue formellement aux créanciers
privilégiés et hypothécaires de l'immeuble assuré l'indemnité due par le locataire ou le voisin, par application des
articles 1733 et 1382 du Code civil. Cette indemnité ne
représente pas davantage une chose matérielle, un corps
certain. Elle représente la part de responsabilité que le
locataire ou le voisin peuvent avoir dans le sinistre. Ajou-
tons que si l'indemnité revenait au propriétaire de l'immeuble et non au créancier hypothécaire, la perte serait
pour ce dernier, ce qui serait en contradiction avec l'esprit
de la loi, lequel veut que « l'indemnité revienne en définitive à ceux qui ont souffert le dommage. »

Il suit de là qu'il y a plusieurs sortes de subrogés.
Si un conflit s'élève entre eux, par exemple entre l'assureur du propriétaire et les créanciers hypothécaires
de celui-ci subrogés dans ses droits par les articles 2
et 3, paragraphe 1er de notre loi, qui passera premier ?
L'assureur, sans aucun doute. En payant l'indemnité, il
devient créancier du responsable ; ce n'est pas à lui à supporter les conséquences dernières de l'incendie, mais au
locataire, et de simple créancier chirographaire du responsable, par le paiement de l'indemnité aux créanciers
privilégiés ou hypothécaires du sinistré, il a en réalité
payé des créanciers qui lui étaient préférables à raison
de leurs privilèges ou hypothèques (C. C. 1251). Il leur
est dès lors subrogé et doit pouvoir se faire payer par

préférence à tous autres sur l'indemnité due par le responsable. Les créanciers hypothécaires n'ont d'ailleurs rien à reprocher, puisqu'ils sont déjà désintéressés.

NATURE JURIDIQUE DU DROIT DES PROPRIÉTAIRES ET DES VOISINS. — Reste à rechercher quelle est la nature juridique et quels sont les effets du droit reconnu aux propriétaires et voisins sinistrés par l'article 3, paragraphe 2 de la loi 1889. Diverses analysés ont été produites, nous exposerons les principales : « Quel est, écrivent MM. Darras et Tarbouriech, le moyen employé par le législateur pour que l'indemnité ne soit pas détournée de son but, Il est très simple au premier abord : Tant que la personne lésée par les sinistres n'a pas été désintéressée, l'assuré ne peut réclamer à la Compagnie aucune part de l'indemnité. Cette formule présente quelques difficultés » (1). Le législateur a-t-il voulu admettre un *privilège spécial* en faveur du propriétaire ? Tout au contraire, M. le rapporteur Labiche, a déclaré au Sénat « qu'il n'y avait pas lieu de créer de nouveaux privilèges »(2). Et M. Lacombe ne s'est jamais servi de ce mot. Il semble qu'il s'agisse d'un « véritable droit de rétention, que l'assureur de responsabilité exerce pour le compte de la personne lésée, à l'encontre de l'assuré et de ses ayants droit cessionnaires de

(1) Darras et Tarbouriech, *loc. cit.*
(2) *Journal Officiel* 10 février 1883.

l'indemnité et des créanciers saisissants » (1). Ainsi raisonne-t-on sous un premier système, mais des objections surgissent aussitôt. Le droit de rétention ne subsiste qu'autant que la chose sur laquelle il porte se trouve en la puissance de son bénéficiaire. Si le propriétaire voulait agir contre l'assureur au nom de son locataire, il se verrait obligé d'y renoncer, car il ne ferait sortir l'indemnité du patrimoine de l'assureur qui la détient, dit-on, pour son compte, que pour la faire entrer dans celui de son débiteur à l'avantage de tous les créanciers de ce dernier. Quant au locataire, il se garderait bien de poursuivre l'assureur en exécution de son contrat, puisqu'il n'y aurait aucun intérêt: En cas de sinistre, le locataire est toujours, nous le savons, plus fortement débiteur du propriétaire qu'il n'est créancier de la Compagnie d'assurance. Il n'a donc aucun avantage à cesser d'être débiteur de son propriétaire, pour devenir créancier de son assuré. L'œuvre du législateur aurait été stérile : le propriétaire ne pourrait pas profiter de la loi de 1889. Sa situation serait *après* ce qu'elle était *avant*.

Dans une deuxième opinion, l'on soutient que le propriétaire a un véritable privilège. Sans doute « le mot » ne figure pas dans la loi, mais « la chose » s'y trouve. L'article 3, paragraphe 2, a-t-on dit, attribue de plein droit aux créanciers privilégiés et hypothécaires des propriétaires sinistrés les indemnités qui peuvent être dues

(1) E. Pannier, *loc. cit.*

à ceux-ci par leurs locataires responsables. Ce privilège, leurs débiteurs, les propriétaires, doivent l'avoir aussi. On ne peut, en effet, avoir plus de droits que celui de qui on les tient. Comme créanciers privilégiés, en vertu de l'article 3, paragraphe 2 de la loi de 1889, les propriétaires ou voisins doivent aussi être admis à se prévaloir de l'art. 2 de la même loi, qui attribue exclusivement les indemnités d'assurances aux créanciers de cette nature... (1) On peut objecter d'abord, ainsi que nous l'avons déjà vu, que les travaux préparatoires de la loi sont en contradiction avec cette conception. De plus, l'attribution d'un privilège aux propriétaires, les laisse soumis au droit commun pour tout ce qui concerne l'exercice des droits appartenant à leurs débiteurs contre les tiers. S'ils veulent agir contre l'assureur pour faire tomber dans le patrimoine de l'assuré l'indemnité sur laquelle on les déclare privilégiés, ils devront recourir à l'article 1166 du Code civil. Mais aussi longtemps que le responsable n'a pas désintéressé les sinistrés, il ne peut agir contre son assureur. *Admettra-t-on que le propriétaire le puisse au nom d'un débiteur qui, lui, ne le peut pas ?*

Il est plus rationnel de prétendre, semble-t-il, que le *propriétaire peut actionner l'assureur, mais en son propre* nom, en vertu d'une action directe, d'où un troisième et dernier système. Puisque, en définitive, ce sont les personnes lésées qui doivent bénéficier de l'assu-

(1) Charroy, Thèse Paris 1900.

rance, à quoi bon leur imposer l'intermédiaire de leur débiteur pour obtenir ce qui leur est du ? On se rappelle que, avant la loi de 1889, le propriétaire avait l'habitude de se faire céder par son locataire l'indemnité éventuelle de risques locatifs : « désormais, disait M. Lacombe au Sénat, à côté de cette délégation *conventionnelle*, il existera une délégation *de plein droit* au profit des créanciers paivilégiés et hypothécaires. »

On a fait quelques objections : nul, a-t-on dit, ne peut avoir d'action. si un rapport juridique, antérieurement créé n'existe entre lui et la personne contre laquelle il l'exerce. Or, le contrat qui se forme entre l'assureur et le locataire au sujet du risque locatif n'intervient qu'entre eux ; le propriétaire y est étranger. La jurisprudence a adopté ces considérations : « Attendu, dit le Tribunal de la Seine, que le locataire. en s'assurant contre la responsabilité de l'incendie, a contracté dans son propre nom, et dans son intérêt exclusif, attendu que si la loi de 1889 avait voulu conférer au bailleur, en *vertu d'un contrat auquel il n'a pas été partie* un droit propre et une *action directe*, et ainsi créer un nouveau rapport juridique exorbitant de droit commun. elle n'eût pas omis de s'en expliquer formellement : qu'elle ne l'a point fait » (1).

D'autres arrêts même de la Cour de Cassation (2) pourraient être produits dans ce sens, nous devons donc

(1) Paris, 23 juin 1893.
(2) Cass. 5 décembre 1829.

reconnaître que la jurisprudence n'est pas favorable à la thèse de l'action directe, nous croyons que c'est regrettable. En effet, une pareille interprétation semble faire de la loi de 1889 une disposition exceptionnelle dont l'application ne saurait, par suite, être étendue aux autres cas d'indemnités de responsabilité. Et si *pratiquement* la loi de 1889 fonctionne sans trop d'inconvénients, malgré les *difficultés théoriques*, ces derniers subsistent dans leur entier pour les cas similaires où la situation est la même et où cependant la jurisprudence refuse d'appliquer la même solution.

Voici deux exemples particulièrement frappants : ils sont fournis par deux arrêts de la Cour de Cassation rendus le 30 Octobre 1906 :

1° Un ouvrier victime d'un accident (avant la loi du 9 avril 1898) prétend exercer une action directe contre l'assureur par dessus on nonobstant la faillite de l'assuré afin d'obtenir son indemnité sans qu'elle ne rentre dans la masse du failli. La Cour rejette cette demande parce que l'assurance a été contractée au profit de l'assuré, qu'il n'y a aucun lien de droit entre l'assureur et la victime, de plus, à défaut de privilège, aucune règle de droit ne peut permettre d'éluder le sort commun, c'est-à-dire la loi du dividende.

2° La Compagnie " La Zurich ", subrogée aux droits de la victime d'un accident — non un ouvrier, mais un individu quelconque, — émet la même prétention que dans l'ensemble ci-dessus, contre la Compagnie des Tramways de Grenoble à Chapareillan, déclarée en faillite depuis l'accident. La Cour se base sur les mêmes motifs pour prononcer là, encore, un arrêt de rejet.

Et cependant, selon l'expression de M. Labbé : « l'assuré « n'est créancier de l'assureur que parce qu'il est débiteur « du propriétaire » (ou de la victime, ou d'une façon générale du créancier, de l'indemnité de responsabilité). « Celui-ci à donc un droit exclusif à l'indemnité qui n'est « due à l'assuré que parce que l'assuré la lui doit. » Ne pourrait-on pas prouver que cette solution est non seulement conforme à l'équité, mais aussi aux textes ? Il suffit pour cela de dire que l'assurance de responsabilité est une délégation faite sous forme de délégation pour autrui, conformément à l'art. 1121 du Code Civil : « C'est le déléguant lui-même qui fait promettre au délégué de payer à sa place, entre les mains du délégataire, et ce dernier trouvant la stipulation toute faite à son profit, n'a plus qu'à *l'accepter* » (1). De cette façon, on fait « acquérir au délégataire une action personnelle et directe contre le délégué, sans libérer le déléguant. » Le tiers acquiert ainsi un droit immédiatement et son acceptation—indispensable il est vrai — sous quelque forme qu'elle se produise, expressément ou tacitement, résultant par exemple du premier acte de poursuite contre l'assureur (2). Son acceptation, disons-nous, servira « non à lui faire acquérir l'action directe contre le délégué, mais à la consolider

(1) Planiol, D' Civ. t. 2, N° 553.
(2) Voir ci-dessus arrêt C. Paris, 11 mai 1861.

et à rendre *irrévocable* le bénéfice de la stipulation faite pour lui par un autre, »

Dès lors, s'il est possible de justifier juridiquement la solution la plus équitable, pourquoi ne pas l'admettre dans la pratique. la loi du 31 Mars 1904 déclare déjà, en matière d'accidents de travail « que l'assureur est substitué au chef d'entreprise... de façon à supprimer tout recours de la victime contre ledit chef d'entreprise (art. 18). » Il faut espérer que la jurisprudence consentira à généraliser cette solution. Ce faisant : Elle supprimerait du même coup une cause grave de difficulté inhérente à la solution qu'elle croit devoir défendre et qui l'amène à une impasse ou à une iniquité beaucoup plus flagrante encore.

L'assureur, sachant son assuré en faillite, et constatant que la victime ne sera réglée dans la masse qu'au marc le franc, ne manquera pas de recourir au dilemne suivant. Si l'indemnité est payée intégralement à la faillite, elle grossit le dividende commun, et l'ensemble des créanciers profite d'une valeur qui n'aurait pas figuré dans l'actif en supposant que l'accident n'ait pas eu lieu. C'est un enrichissement indû, l'assureur ne paiera donc l'indemnité que dans la mesure du dividende auquel la victime aura droit, d'autant mieux que la *Compagnie s'engage seulement à garantir l'assuré contre la perte en laquelle l'accident l'a induit.* Conséquence non moins étrange d'ailleurs : L'assureur profite de la faillite et se décharge sans bourse déliée de la fraction d'indemnité représentative de la fraction du passif que la faillite fait perdre aux créanciers » (1).

En revanche ; armé d'une action directe, le sinistré ne pourrait se voir opposer victorieusement les déchéances provenant, après le sinistre, de la faute de l'assuré. L'assuré et l'assureur ne pourraient plus modifier le contrat sans son consentement, etc., etc...

Il y a quelques États qui ont fait des lois spéciales sur cette question : la Belgique (loi du 11 juin 1874), l'Espagne (C. Com. 1885), l'Italie (C. Com. 1882). En France, le législateur s'est préoccupé de la question : Deux arrêtés ministériels du 26 avril et 2 mai 1902 ont constitué deux commissions dont l'une était chargée d'étudier les dispositions législatives auxquelles pourrait être soumis les contrats d'assurances. Un projet de loi est sorti des délibérations de cette commission. Si on l'examine dans son ensemble. il comprend deux sortes de dispositions : les unes *interprétatives*, les autres *impératives* ou *prohibitives*. Mais, de l'aveu même du rapporteur, M. Lyon-Caen, « les dispositions interprétatives qui sont de beaucoup les plus nombreuses sont en général empruntées aux usages, c'est-à-dire qu'elles reproduisent les clauses des polices les plus usuelles ou les solutions de la jurisprudence. » On s'en rendra aisément compte en parcourant l'article le plus important de la loi, celui qui a trait aux obligations de l'assuré (art. 28).

(1) *Annales de Droit commercial*, (février 1907).

L'assuré est obligé :

1° De payer la prime aux époques convenues ;

2° De déclarer exactement à l'assureur, lors de la conclusion du contrat toutes les circonstances qui sont de nature à faire apprécier par celui-ci, les risques qu'il prend à sa charge ;

3° De déclarer à l'assurance les circonstances nouvelles qui ont pour conséquence d'augmenter les risques ;

4° De faire tout ce qui est en lui pour éviter la réalisation des risques ou pour en diminuer les conséquences dommageables ;

5° De donner avis à l'assureur dans les trois jours qui suivent celui où il a eu connaissance de tout sinistre de nature à entraîner la responsabilité de l'assureur.

Si l'on se reporte à notre chapitre III, on verra que les polices imposent aux assurés des charges identiques. Dans le projet nouveau, comme dans les polices actuelles, il y a déchéance si des changements se produisent dans le risque, — même sans le fait de l'assuré — toutes les fois qu'ils ne sont pas portés à la connaissance de l'assureur. Or, c'est là qu'est le principal danger pour les assurés puisqu'ils peuvent, nonobstant leur bonne foi, perdre tout le bénéfice de l'assurance.

Il faut reconnaître cependant que, sur ce point, le projet apporte quelques améliorations. L'article 32 dispose que si « pour la fixation de la prime, il a été tenu compte de circonstances spéciales de nature à aggraver les risques et si ces circonstances viennent à disparaître au cours de l'assurance, l'assuré a le droit, *nonobstant toute convention contraire*, de résilier le contrat si l'assureur ne consent pas la diminution de prime correspondante. » C'est un progrès sensible. Aujourd'hui les compagnies font toujours des difficultés pour accepter une semblable diminution et ne l'acceptent jamais que moyennant le paiement d'une indemnité.

Au point de vue de la proscription, le projet de loi augmente la durée des actions nées à la suite d'un sinistre. Les difficultés sur ce point sont peu fréquentes, le sinistré étant trop intéressé à toucher rapidement son indemnité, pour différer l'exercice de son action. La pratique n'offre pour ainsi dire pas d'exemples sur ce point.

L'article 29 décide que les primes sont quérables, mais cette disposition étant seulement interprétative, les Compagnies ne manqueront pas d'y déroger et les mêmes difficultés qui existent actuellement ne manqueront pas de surgir à nouveau.

En résumé, le projet de loi, ne consacre pas d'innovation importante. La commission qui l'a préparé était imbue de cette idée : « Les meilleures lois sont celles qui, au lieu d'introduire des innovations qu'aucune expérience ne justifie, consacrent dans une large mesure des usages depuis longtemps établis. » Peut-être pourrait-on concevoir différemment le rôle du législateur. Il ne doit pas évidemment légiférer *in abstracto*, mais il ne lui est peut-être pas interdit de devancer les modifications que les besoins de la pratique ne manquent pas d'apporter au fonctionnement des systèmes établis. La loi peut être autre chose que la coutume enregistrée. Non contenté de *sanctionner*, elle doit pouvoir *créer*, lorsque le besoin s'en fait sentir. Sans doute, les Compagnies d'Assurances ont le devoir d'avoir une position défensive, puisque les objets qu'elles assurent sont entre les mains des assurés, lesquelles ne sont pas toujours de bonne foi. Mais l'état actuel est indéniablement trop dur pour ces derniers. La jurisprudence a une tendance trop marquée à considérer le contrat d'assurance comme un contrat : de droit strict pour l'assuré, de bonne foi pour l'assureur. Elle ne semble pas se préoccuper assez souvent de ce que : « Les conventions obligent non seulement à ce qui y est exprimé, mais encore à toutes les suites que l'*équité*, l'usage ou la loi donnent à l'obligation d'après sa nature. » (art. 1135 C. civ). Il est à craindre que les Compagnies ne profitent de l'autorité qu'acquerront, surtout aux yeux des assurés, les clauses même interprétatives du projet lorsqu'il sera devenu une loi, pour imposer à leurs clients des conditions peut-être encore plus dures.

Actuellement la position respective de l'assureur et de l'assuré est ainsi définie :

Quelles que soient la nature du bénéfice reconnu au propriétaire, et la jurisprudence future, l'effet en est actuellement de subordonner la perception de l'indemnité du risque locatif à la justification préalable que satisfaction a été donnée à l'auteur du recours.

BIBLIOGRAPHIE

Journal des Assurances, passim.

PANNIER. — *Attribution des indemnités d'assurances.*

DARRAS ET TARBOURIECH. — *Annales de Droit commercial.*

DESFRANÇOIS. — *Commentaire.*

CONCLUSION

Il serait superflu d'insister longuement ici sur les conclusions qui se dégagent de cette étude; elles en découlent de soi, croyons-nous. Quelques brèves formules les
résumeront :

1° Sur le locataire pèsent d'énormes responsabilités à la
suite de l'incendie de l'immeuble qu'il occupe et, sans
qu'il y ait précisément de sa faute, il peut être acculé à
la ruine et à l'insolvabilité;

2° Son premier souci doit être en conséquence de s'assurer; moyennant une assez faible prime, il pourra se
garantir, plus ou moins, des responsabilités qui pèsent
sur lui;

3° Malheureusement le mécanisme de l'assurance du
risque locatif est défectueux. Le locataire qui s'assure
pour 15 fois la valeur croit notamment qu'il est complètement à couvert; en réalité, pour diverses raisons que nous
avons indiquées, il ne l'est pas;

« Depuis la loi de 1889, l'indemnité due à raison du risque locatif est réservée au propriétaire ; le locataire ne peut la toucher tant que celui-ci n'a pas été désintéressé, mais le propriétaire n'a pas d'action directe contre la Compagnie ; il doit poursuivre son locataire, lequel se retournera contre son assureur. Il y aurait eu, croyons-nous avantage à ce que le propriétaire fût muni d'une action directe.

Telles sont les conclusions particulières auxquelles nous avons abouti ; mais — et c'est par là que nous finirons — dans l'ensemble les Polices d'assurances ne sont-elles pas trop favorables pour les Compagnies et trop dures pour les assurés ? L'intervention du législateur ne serait-elle pas bien venue ici ? « A défaut d'une loi spéciale sur les assurances terrestres, écrit M. Desfrançois, les Compagnies d'assurances contre l'incendie ont dû établir des conditions générales qui en tiennent lieu, pour régler les rapports entre les assureurs et les assurés et fixer leurs droits et obligations... Il existe dans le public, au sujet de ces conditions, certaines préventions qui s'expriment très haut, et dont l'écho s'étend jusque dans l'enceinte des tribunaux. On les critique en disant qu'elles sont l'œuvre exclusive de la Compagnie, qu'elles sont rédigées à l'unique point de vue de son intérêt propre. » M. Desfrançois, qui est directeur adjoint de l'Urbaine, déclare que « c'est là un grief plus facile à exprimer qu'à prouver. » Nous espérons avoir montré au cours de cette étude qu'il n'était pas dénué de tout fondement et que, si les Compagnies sont empressées à toucher les primes, elles le sont beaucoup moins à payer les sinistres.

Vu :
Le Président : E. THALLER.

Vu :
Le Doyen : LYON-CAEN.

Vu :
et permis d'imprimer :
Le Vice-Recteur
De l'Académie de Paris :
LIARD.

TABLE DES MATIÈRES

QUATRIÈME PARTIE

Paris-Vendôme. — Imprimerie G. VILLETTE.

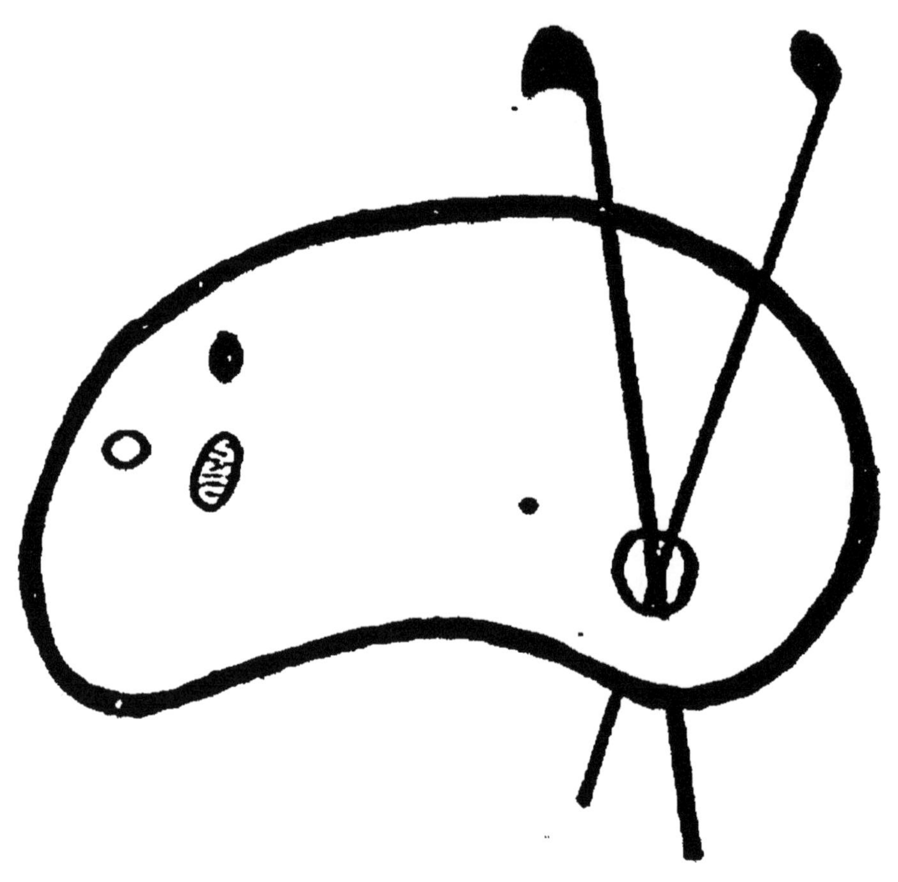

ORIGINAL EN COULEUR
NF Z 43-120-8